Ex libris Bibliothecæ quam Illus:
trissimus Ecclesiæ Princeps D
PETRUS DANIEL HUETIUS
Episc. Abrincensis Domui Professæ
Parif.PP.soc.Jesu Integrâ vivens donavit
An. 1692.

XVII.   B

Z. 2211.
A.

RECUEIL
DE
DIVERS OUVRAGES
EN PROSE
ET EN VERS.

Par Monsieur PERRAULT
de l'Academie Françoise.

SECONDE EDITION.

A PARIS,
Chez JEAN BAPTISTE COIGNARD,
ruë S. Jacques, à la Bible d'or.

M. DC. LXXVI.
Avec Privilege de Sa Majesté.

Ne extra hanc Bibliothecam efferatur.
Ex obedientiâ.

A
SON ALTESSE
SERENISSIME
MONSEIGNEUR
LE PRINCE
DE CONTI.

ONSEIGNEUR,

C'est la coustume de ceux qui addressent des Livres aux Princes & aux

ã ij

EPISTRE.

Grands, d'implorer leur secours. L'Envie & la Critique, disent-ils, sont des monstres qui leur font peur, mais qui neanmoins ne sont pas si farouches, qu'ils ne déferent aux Puissances de la terre. Ils pretendent que les moindres Ouvrages sont en seureté quand ils ont de bons Patrons, & l'on diroit, à voir comme ils parlent, que ces illustres Personnes qu'ils reclament, ayent la volonté ou le pouvoir de faire estimer des choses qui ne le meritent pas.

Pour moy, MONSEIGNEUR; je me propose d'agir tout autrement avec Vostre Altesse Serenissime; je ne luy demande point sa protection pour ce Recuëil de Prose & de Vers que je luy presente: toutes ces pieces ne sont que trop capables de se défendre elles-mesmes; mais c'est pour moy seul que je la demande cette protection, & le besoin que j'en ay est si pressant que je suis perdu sans elle. Le diray-je, MONSEIGNEUR, & ne sera-t-on point estonné d'une semblable con-

EPISTRE.

fession? Le present que j'ose vous faire aujourd'uy est un larcin que j'ay fait au Roy, j'apporte à Vostre Altesse un Livre que j'ay volé à Sa Majesté; M. Perrault qui en est l'Auteur, l'avoit comme voüé à la Bibliotheque de Versailles; ces pieces y tenoient un rang considerable en manuscrit, & voila que sans autre permission que celle que je me donne moy-mesme, j'entreprens de les mettre sous la presse & d'en faire mes liberalitez à tout le monde.

Je ne diray point ici, MONSEIGNEUR, comment j'ay pû mettre la main sur ce beau Livre; je me garderay bien de reveler ce mystere, de peur qu'on ne soupçonne V. A. S. d'estre complice du fait: je me contenteray seulement de declarer pour ma justification, les raisons que j'ay eues d'en faire le vol, & celles qui m'ont porté ensuite à le publier sous vos auspices.

Il n'y a rien de plus precieux que l'or & les diamans, & il paroist bien que

EPISTRE.

la Nature n'entend point que ces riches productions demeurent inutiles. Si elle les cache dans le sein de la Terre & au fond des eaux, ce n'est que pour les faire rechercher davantage; son dessein n'est pas d'en priver le Monde, & cela se connoist assez en ce qu'elle les indique elle-mesme par des signes evidens. On peut dire que c'est l'obliger que de luy voler ces tresors, parce qu'ils montrent son opulence & son industrie qu'elle est bien aise de faire admirer : elle veut que l'or serve au commerce, & que les diamans servent à la pompe & à la magnificence.

C'est, MONSEIGNEUR, une reflexion que j'ay faite à propos de ce Livre. J'ay consideré que l'Auteur n'avoit point composé tant de belles pieces pour les tenir secrettes ; & je me fondois sur ce qu'il n'a pû luy-mesme s'empescher autrefois d'en publier quelques-unes. Toute ma peine estoit de les voir renfermées dans la Biblioteque de Ver-

EPISTRE.

failles, & de ne pouvoir les en tirer sans commettre une espece de sacrilege. Le respect qu'on doit aux Maisons Royalles me retenoit, & il auroit esté le maistre de mon cœur & de mes mains, si je n'eusse trouvé les loüanges du Roy répanduës dans tous ces Ouvrages, & si le zele que j'ay pour sa gloire ne fust venu fortifier ma tentation & affoiblir mes repugnances.

En effet il faut demeurer d'accord que nostre Auteur a tout-à fait bien parlé des victoires de ce Conquerant, & qu'on ne sçauroit exprimer avec plus de genie & de succez le caractere de ses vertus vrayement Royalles. Tout ce qu'il dit des grandes actions de ce Prince ne plaist pas moins qu'il persuade : on y trouve la varieté jointe avec la verité ; le bon sens en soutient tous les ornemens, & ses expressions conviennent parfaitement aux sujets qu'il traite. Il en est de mesme de tous ses autres Ouvrages ; il instruit & recrée en mesme temps ; il

EPISTRE.

va heureusement à ses fins par tout, & ne prend jamais sur sa route que ce qui peut servir à son dessein. Rien n'est plus juste ny plus chastié que sa Prose, rien plus poëtique ny plus fleuri que ses Vers; mais ce que je trouve en luy de particulier, c'est que tous ses écrits ont une sertaine nouveauté qui me les fait regarder comme autant d'originaux, chacun en son genre.

Vous sçavez, MONSEIGNEUR, car en verité je puis croire que vous & Monseigneur le Prince de la Roche-sur-Yon vostre Frere, n'ignorez rien de ce que les autres peuvent sçavoir dans un âge plus avancé: Vous sçavez, dis-je, que les bons originaux ont un je ne sçay quoy qu'on n'imite jamais bien, qui les distingue & les fait estimer de tout le monde. Ils ont un air de beauté qu'on ne voit point ailleurs, qui saisit l'esprit & le remplit si agreablement, qu'il ne desire rien de plus ni de moins que ce qu'ils luy presentent: & si l'on me de-

EPISTRE.

mandoit pourquoy les meilleures copies ne donnent point la mesme satisfaction, je pourrois répondre, que c'est parce que l'esprit n'aime & ne cherche que l'esprit, & qu'il en entre peu dans les copies. Toute imitation est servile & gesnée; on ne marche alors que sur les pas d'un autre, que l'on craint toujours de ne pas bien suivre : ainsi l'on n'a point cette belle hardiesse qui fait la grace d'un Ouvrage & le plaisir de ceux qui le voyent. C'est dans les pieces d'invention, quand elles sont faites par un bon Maistre, que l'on découvre cette grace & que l'on ressent ce plaisir ; tout y est libre, tout y est aisé, parce que l'esprit de l'Auteur n'a point eu d'autres bornes que son sujet, ni d'autre modele que la Nature & luy-mesme.

C'est ce que j'ay trouvé, MONSEIGNEUR, dans les Ouvrages que je vous presente. Ils ressemblent aux Tableaux de ces fameux Peintres; tout y est d'aprés nature, on n'y voit rien

EPISTRE.

d'après les autres. L'Auteur ne dresse point son plan sur ce que les anciens ou les modernes ont fait en pareille rencontre, il ne suit que ses propres idées; & s'il s'agit de donner le caractere de quelque passion, il ne va point consulter les livres, il n'estudie que le cœur, qui en sçait plus que tous les livres & que tous les Docteurs ensemble. Cela fait qu'il ne manque jamais de plaire & que ses écrits ont toujours quelque chose de nouveau.

Voila ce que j'estime particulierement en luy, & c'est aussi, MONSEIGNEUR, ce qui m'a suborné. Je n'aurois point esté tenté de faire un vol, si j'avois trouvé les mesmes choses autre part: mais comme on ne rencontre pas aisément ce qui est rare, je n'ay pû les voir dans ses écrits & resister à la tentation. La consideration du lieu n'a point esté assez forte pour me retenir: c'est un crime, je l'avouë, & c'est pour cela aussi que je demande vostre protection.

EPISTRE.

Mais, MONSEIGNEUR, je ne songe pas que je me fais tort auprés de vous, quand j'apporte tant de soin à me justifier. Je suis un mauvais Orateur, & dans ma propre cause, je diminuë le prix de mon action, puisque plus je paroistrai coupable aux yeux du monde, plus j'aurai de merite envers V. A. S. qui aura la bonté de considerer qu'elle est cause de tout le mal que j'ai fait. Je n'ai pû voir en Elle une jeunesse si éclairée & si sage, une grandeur d'ame déja si avancée & si surprenante, & tarder plus long-temps à lui donner des marques publiques d'un respect qui m'est hereditaire. Je sçavois qu'il n'y avoit rien qui vous fust plus agreable que les pieces d'esprit & de genie; je n'en avois point en tout mon domaine qui me parussent dignes de vous, & rencontrant dans celles-cy tout ce qui estoit capable de vous plaire, il ne m'a pas esté permis de deliberer davantage. Je les ay volées, j'ay fait

EPISTRE.

cette violence à ma probité, & je ne me suis laissé aller à cet excés que pour vous témoigner combien je suis,

MONSEIGNEUR,

De Vostre Altesse Serenissime,

Le tres-humble, tres-obeïssant,
& tres-fidelle serviteur
LE LABOUREUR.

TABLE
DES DIVERS OUVRAGES
CONTENUS DANS CE RECUEIL.

Lettre à Monsieur Bontemps.	pag. 1
Lettre à Monsieur l'Abbé d'Aubignac.	9
Dialogue de l'Amour & de l'Amitié.	20
Le Miroir, ou la Metamorphose d'Orante.	48
La Chambre de Iustice de l'Amour.	72
Discours sur l'aquisition de Donkerque.	82
Le Parnasse poussé à bout.	92
Lettre à Monsieur Conrart.	107
Traduction d'une Epistre du Chancelier de l'Hospital au Cardinal de Lorraine, sur le Sacre de François II. & sur la maniere dont il doit gouverner son Royaume.	110
Portrait d'Iris.	136
Billet à Mademoiselle *** en luy envoyant le Portrait de sa Voix.	143
Portrait de la voix d'Iris.	145
Ode sur la Paix.	151
Ode sur le Mariage du Roy.	162
Ode au Roy sur la Naissance de Monseigneur le Dauphin.	173
Elegie.	172

La Peinture. Poëme. 188
L'Amour Godenot. 218
Les neuf Muses. 219
Sur la prise de Marsal. Sonnet. 220
Sur une belle Voix. Madrigal. 221
Remerciement à Messieurs de l'Academie Françoise. 222
Compliment de l'Academie Françoise, fait à Madame la Chanceliere en quittant l'Hostel Seguier où elle s'assembloit, pour aller tenir ses Conferences au Louvre. 229
Compliment de l'Academie Françoise, fait au Roy à son retour de la Campagne d'Hollande. 232
Le Labyrinthe de Versailles. 234
Critique de l'Opera, ou Examen de la Tragedie intitulée Alceste, ou le Triomphe d'Alcide. 277
Responce à un Poëme de Monsieur Quinault. 309

RECUEIL
DE DIVERS OUVRAGES
EN PROSE ET EN VERS.

LETTRE
*A MONSIEUR BONTEMPS
Conseiller, premier Valet de Chambre
du Roy, Et Intendant du Chasteau,
Parc & Menagerie de Versailles.*

ONSIEUR,

J'ay resisté sans peine à la tentation de faire imprimer tous mes Ouvrages, quoyqu'ils puiss-

A

fent compofer, comme vous le voyez, un jufte Volume; mais je n'ay pû refifter à celle de les voir en manufcrit dans la Bibliotheque de Verfailles. Je me fuis imaginé, Monfieur, que les beautez infinies de cette Maifon delicieufe qui infpirent de la joye à tous ceux qui les voyent, me rendroient les Lecteurs plus favorables. J'ay crû que dans la difpofition où la Cour fe trouve toujours dans ces beaux lieux, de ne chercher que ce qui peut luy donner de la fatisfaction, elle ne s'arrefteroit auffi dans la lecture de mes bagatelles qu'à ce qui peut s'y rencontrer d'agreable & de divertiffant; & qu'elle fe mettroit peu en peine de faire paroiftre par une critique exacte & fevere la delicateffe de fon gouft qui ne luy peut eftre difputée avec juftice. J'ay crû auffi qu'ayant compofé la plufpart des pieces de ce Reciieil pendant les frequens voyages que j'ay faits à Verfailles, & plein des idées qu'il m'a fournies, je devois m'aquitter par là de cette obligation que je luy ay. Quoyqu'il en foit, Monfieur, je vous prie de vouloir faire placer ce Reciieil en quelque petit coin de la Bibliotheque de Verfailles, & fur tout de luy donner promptement le plus de compagnons que vous pourrez. Car s'il m'eft permis de reveler les fecrets du Parnaffe, je vous diray que les Mufes fe font déja plaintes à Apollon plus

A M. BONTEMPS.

d'une fois de ce qu'elles estoient les seules dont on ne voit point encore les ouvrages dans un lieu où toutes choses se font sous son nom; où l'Architecture, la Peinture, & le reste des beaux Arts donnent tous les jours des chefs-d'œuvres inimitables; où Flore répand toutes ses fleurs, où Pomone prodigue tous ses fruits; & où mesme les Nymphes des eaux que la Nature sembloit en avoir bannies pour jamais, ont esté appellées avec tant de soin, & reçuës avec tant de succés & avec tant d'applaudissement. Ces reproches me semblent tres-justes; & si vous y faites reflexion vous trouverez, Monsieur, qu'en effet les Livres sont la seule chose qui reste à desirer pour le dernier accomplissement de Versailles, & pour meriter qu'on le regarde comme un petit monde qui sans avoir l'étenduë du grand, en a toutes les beautez & toutes les merveilles: car quelle espece de plantes, d'arbres, d'oiseaux, d'animaux, d'édifices, de fontaines, de lacs, d'étangs, de canaux, de navires, ne se rencontrent point dans cette demeure agreable. Si l'on veut mesme pousser la comparaison plus loin ne trouvera-t'on pas que ce petit monde a aussi son Paradis terrestre où regne un Printemps eternel; où les fleurs & les fruits se cüeillent en toutes les saisons de l'année, & où la Terre ne porte aucune marque de sa malediction.

Mais ce qui doit luy faire donner encore davantage le nom de monde, c'est qu'on peut dire qu'il a esté en quelque sorte creé & tiré du neant. A peine le Prince qui luy a donné l'estre eut dit qu'il soit fait un Palais, qu'on vit sortir de terre un Palais admirable avec des colonnes, des pilastres, des statuës, des bas reliefs, & le reste des ornemens de l'Architecture, le tout aussi solide & aussi magnifique que si la main des Ouvriers y avoit travaillé pendant une longue suite d'années. Ce mesme Prince veut qu'il soit fait une longue allée d'arbres, dont la cime surpasse en hauteur tous les arbres des forests voisines; aussitost cette allée est faite, & l'ouvrage d'un jour égale le travail de la Nature pendant deux ou trois siecles. Mais lorsqu'il a fallu donner à ces lieux charmans leur derniere beauté, ou pour mieux dire l'ame qui leur manquoit, qui n'a pas esté surpris d'estonnement?

A peine le Prince commande

Que les Eaux viennent à leur tour

Faire la beauté la plus grande

De ce delicieux sejour;

Qu'en foulle on voit sortir cent sources jaillissantes;

Qui montent jusqu'aux Cieux, fieres & bruissantes;

Puis formant des boüillons, des nappes, des ruisseaux

A M. BONTEMPS.

De mille façons differentes,
Donnent à ces beaux lieux mille charmes nouveaux.

Icy l'on voit une Sireine
Joyeuse de nager dans l'humide cristal
D'une fraische & claire fontaine,
Oublier son pays natal,
Et d'un reduit si beau proistre toute vaine.
Avecque le Triton que ses yeux ont blessé
La Nymphe innocemment se jouë,
Et soufflant de sa conque un jet haut élancé,
Rit de l'eau qui retombe & luy mouille la jouë.

Plus loin dans un antre sacré
Dont les plus sçavantes des Fées,
Ont d'un Art jusqu'icy des mortels ignoré
De Nacre, & de Corail les voutes étoffées :
Mille jets d'eau de tous costez
L'enrichissant encore de leurs flots argentez
Rendent là demeure si belle,
Que Thetis en quitte pour elle
De son pere Ocean les palais enchantez.

LETTRE

C'est là que la Reine de l'onde
Vient attendre parée avec toute sa Cour,
L'aymable & brillant Dieu du jour,
Lorsque las il finit sa course vagabonde;
Lorsqu'ainsi que LOÜIS *le plus grand des Heros,*
Aprés avoir porté dans tous les coins du monde
Les rayons bien-faisans de sa clarté feconde,
Il y vient se livrer aux charmes du repos.

Mon dessein estoit de poursuivre en Vers la description de toutes les Fontaines de Versailles ; & quoy que l'entreprise semble tres-difficile, je croy que j'en serois sorty à mon honneur, tant les Muses charmées de ces beaux lieux prenoient de goust à mon travail. Elles se faisoient un plaisir d'avoir à décrire la belle fontaine de la Pyramide, accompagnée de celle des Couronnes, & soustenuë de toutes celles de l'allée d'eau ; Ensuite la fontaine du Pavillon, les Berceaux d'eau, le Marais qui surpasse à mon gré toutes les autres fontaines pour le merite de l'invention ; la Cerés, le Theatre, la Montagne, la Salle des festins, la Latone, les Lezards, les Bosquets, le Labyrinthe, l'Apollon & le Canal, où elles se seroient embarquées pour passer à la Menagerie, & finir par la demeure enchantée de Trianon. Les Muses, dis-je, charmées d'une si belle & si riche matiere, avoient desia une infinité d'agreables pensées toutes prestes pour la description de ces chef-d'œuvres : mais une lettre qui vient de m'estre renduë de la part de M^r le Febvre a mis tout en desordre. Il n'est presque point de sorte d'ouvriers qu'il ne me mande de luy envoyer, pour des choses toutes plus pressées les unes que les autres. Il me marque aussi que vous vous plaignez étrangement de ce qu'il reste encore quelque chose à achever dans un des appartemens du petit Chasteau. Le détail incroyable de cette Lettre a fait froncer le sourcil aux Dames du Parnasse ; mais lorsque tous ces Ouvriers me sont venus trouver, leur mine, & sur tout leur discours peu academique, les a tellement effarouchées, que je ne croy pas qu'elles reviennent me trouver de six mois, si ce n'est que Mrs Chapelain, Charpentier, & Cassagnes qu'elles accompagnent toujours, les ramenent au premier jour de conference. Elles reviendront quand il leur plaira, mais j'aimerois mieux ne les revoir de ma vie, que d'avoir manqué pour elles à la moindre des choses qui regardent Versailles. En effet, Monsieur, quelle honte ne me seroit-ce point de negliger, quoyque ce soit aprés l'exemple

LETTRE A M. BONTEMPS.

que j'ay devant moy? Il me feroit beau voir alleguer pour excuſe que je fais des Vers, pendant que Celuy dont j'ay l'honneur d'executer les ordres, ne laiſſe pas au milieu d'un nombre infiny d'affaires qui l'environne, d'y avoir une telle application, que rien n'échappe à ſa connoiſſance ny à ſes ſoins. Voſtre exactitude & ce zele toujours ardent qui vous pouſſe & vous fait pouſſer les autres ſi fortement quand il y va du ſervice, ne me confondroit-il pas encore? Je finis donc, Monſieur, & vous ſupplie qu'aprés avoir regardé l'envoy de ce petit Recüeil comme une offrande reſpectueuſe que je fais à la Bibliotheque de Verſailles, vous vouliez bien auſſi le conſiderer comme une marque de la paſſion avec laquelle je ſuis,

MONSIEUR,

A Paris, ce 8. Mars 1673.

Voſtre tres-humble & tres-obeïſſant ſerviteur, PERRAULT.

LETTRE
A MONSIEUR L'ABBE' d'Aubignac.

Sur le Dialogue de l'Amour & de l'Amitié.

PUISQUE ce n'est pas assez que je vous aye leu mon Dialogue, & que vous desirez encore en avoir une copie, je ne veux pas vous la refuser. J'avouë, Monsieur, que j'ay eu bien de la peine à m'y resoudre, & qu'estant persuadé, comme je le suis, que vous estes l'Homme du monde qui avez le goust le plus fin, & le plus delicat pour toutes choses, & principalement pour ces sortes d'Ouvrages; j'ay bien apprehendé qu'une reflexion plus exacte que vous pourrez faire sur celuy-cy en le lisant, ne vous fist diminuër beaucoup de l'approbation que vous luy avez donnée. Le prix de vostre estime & l'apparence qu'il y a que j'en vais perdre une bonne partie, rendent asseurément ma crainte tres-raisonnable : Neanmoins quelque chose qu'il en arrive, je seray satisfait. On trouve toujours son compte avec vous; & si je n'obtiens pas des loüanges,

LETTRE

je recevray des avis que j'aime encore plus que des loüanges; parce qu'ils me sont beaucoup plus utiles, & qu'ils me seront aussi des marques plus asseurées de vostre amitié. Mais, Monsieur, avant que vous lisiez cette petite galanterie, il faut que je vous rapporte deux ou trois questions, que l'on me fit en une conversation où je me trouvay il y a quelques jours, & que vous sçachiez aussi ce que j'y répondis. On me demanda d'abord pourquoy l'Amour & l'Amitié s'appellent frere & sœur: Je ne pensois pas, à vous dire le vray, que l'on deust s'arrester à cela, & qu'on s'avisast jamais de leur disputer cette qualité. Car si tous les jours mille personnes, que ny le sang, ny l'alliance, n'ont point unies, se donnent l'un à l'autre ces noms tendres & doux; parce qu'ils s'aiment, ou seulement parce qu'ils se le veulent persuader; doit-on trouver estrange que l'Amour mesme & l'Amitié en personne, en usent de la sorte; & qu'ils s'appellent frere & sœur, quand mesme ils ne le seroient pas: mais ils le sont en effet, & l'on ne peut pas en disconvenir, pour peu qu'on examine leur Genealogie.

Il est constant que l'Amour est fils du Desir, & de la Beauté : Platon, qui le connoissoit particulierement, nous en asseure, il l'appelle mesme le Desir de la Beauté, & luy donne ce nom composé de celuy de ses pere & mere, pour nous marquer son origine. Il est aussi tres-certain que l'Amitié est fille du Desir & de la Bonté, parceque si le Desir s'attachant à la Beauté, a donné l'estre à l'Amour, on ne peut pas douter que le mesme Desir & la Bonté s'estant unis ensemble, n'ayent donné naissance à l'Amitié. En effet, nous voyons encore aujourd'huy que si nous aimons une Maistresse, parce qu'elle est belle, nous aimons un Amy, parce qu'il est bon : Cela ne pouvant pas estre contesté, il paroist que l'Amour & l'Amitié sont frere & sœur du costé de leur pere, bien qu'à la verité ils ayent des meres differentes.

Ensuite de cette question, on en fit une autre qui me sembla fort jolie, & qui venoit aussi d'une femme d'esprit que vous connoissez : Elle demanda qui estoit l'aisné des deux de l'Amour ou de l'Amitié. Quoyqu'il soit mal-aisé de dire precisément ce qui en est, à cause du long-temps qu'il y a qu'ils sont au monde, je ne doutay pas neantmoins d'assurer que l'Amour estoit l'aisné. Je ne me fonday point sur ce que les Poëtes disent qu'il a démeslé le Chaos, & qu'il est plus vieux que le Monde, bien loin d'estre le cadet de l'Amitié ; parce que c'est du premier & grand Amour, pere de toutes choses, que les Poëtes ont voulu parler, & non pas de celuy-cy qui n'est que son petit fils. Je ne m'arrestay point non plus sur la difference que quelques-uns ont mise entre l'Amour & l'Amitié, que celle-cy est toujours reciproque, & que l'autre ne l'est jamais; & qu'ainsi l'Amour précede l'Amitié, puisqu'en effet il faut que l'affection naisse premierement de l'un des deux costez, avant que d'estre mutuelle: Je ne m'arrestay pas, dis-je, à cette difference, parce que je la trouve absolument fausse. On sçait que l'Amour & l'Amitié sont quelquefois reciproques, & que quelquefois ils ne le sont pas: je ne me reglay que sur la Genealogie que j'ay désja avancée, & sur l'histoire de leur naissance, que je leur contay en la maniere qui suit.

La Beauté & la Bonté estoient deux sœurs si accomplies & si charmantes, qu'on ne pouvoit les voir, ny les connoistre sans les aimer. Quelques-uns les trouverent si semblables, qu'ils les prirent souvent l'une pour l'autre, & leur donnerent aussi le mesme nom; mais ceux qui les observerent plus soigneusement, remarquerent une tres-grande difference entr'elles: la Beauté avoit beaucoup d'éclat & d'apparence, qui donnoit dans la vuë d'abord; & sans mentir on pouvoit dire que pour la conqueste d'un cœur, elle n'avoit besoin que d'estre regardée: Aussi estoit-elle extrémement imperieuse & fiere; & quoyqu'elle n'eust ny gardes, ny soldats autour d'elle, il n'estoit point de Rois sur la terre qui se fissent obeïr si promptement, & dont l'empire fust plus absolu que la tyrannie qu'elle exerçoit sur tout ce qui avoit un cœur & des yeux. Elle estoit fort coquette & aimoit passionnément à se produire dans le grand monde, afin de s'attirer des loüanges dont elle témoignoit ne se soucier pas beaucoup, mais qui neantmoins luy plaisoient tellement, qu'elle obligeoit & forçoit mesme toutes sortes de gens à luy en donner. La Bonté au contraire estoit fort modeste & fort retirée; & quoy qu'elle fust d'une humeur assez sociable & assez communicative de son naturel, elle fuyoit pourtant la foule autant qu'elle pouvoit, & ne haïssoit rien tant que de se faire de feste mal à propos. Il est vray qu'elle n'avoit pas ce brillant & cet abord surprenant de sa sœur; mais quand on s'estoit donné le loisir de la considerer avec attention, & de la pratiquer quelque temps, on demeuroit persuadé, qu'elle estoit infiniment aimable, & que ses charmes estoient bien plus solides & plus veritables que ceux de la Beauté.

Le Desir jeune & boüillant qui voyageoit presque toujours pour satisfaire son humeur prompte & inquiete, se promenant un jour, & cherchant quelque avanture, rencontra la

Beauté assise à la porte de son logis, où elle se tenoit presque toujours oysive, & seulement pour estre veuë, pendant que la Bonté sa sœur estoit dans la maison qu'elle gardoit, & où elle ne se tenoit pas à rien faire : le Desir, dis-je, ayant rencontré la Beauté, se sentit émeu & tout hors de soy en la voyant, & comme il estoit assez hardy de son naturel, il l'aborde, quoyqu'il ne la connust pas ; il la cajole, & luy fait cent galenteries qu'elle receut avec joie. Le procedé brusque & enjoüé du cavalier luy plut extrémement, elle crut voir en luy quelque chose de noble & de genereux, capable des plus hautes entreprises, & qui témoignoit une illustre naissance : elle s'imagina mesme que le Ciel l'avoit destinée pour luy, & qu'asseurément il les avoit faits l'un pour l'autre ; de sorte qu'aprés quelques recherches de la part du Desir, leur mariage s'accomplit assez promptement. De ce mariage naquit l'Amour, qui donna bien de la satisfaction à ses pere & mere durant les premiers jours de son enfance : Car au lieu que les autres enfans ne font que crier & pleurer en venant au monde ; celuy-cy ne faisoit que chanter & danser. Il ne demandoit qu'à rire, & à se réjoüir ; il discouroit de toutes choses agreablement ; il faisoit mesme de petits vers & des billets doux les plus spirituels qu'on eust jamais veus : Enfin

À M. L'ABBÉ D'AUBIGNAC.

son pere & sa mere en estoient si contens qu'ils rompoient la teste à tout le monde des jolies choses qu'il avoit dites ou qu'il avoit faites. Mais lorsqu'il fut un peu plus grand, il changea si fort qu'il n'estoit pas reconnoissable ; il devint resveur & chagrin ; il ne vouloit ny boire ny manger ; il soupiroit sans cesse ; il ne dormoit point & ne faisoit que se plaindre, sans sçavoir le plus souvent ce qu'il luy falloit, car on ne luy avoit pas plustost donné une chose qu'il en estoit las, & qu'il en demandoit une autre, qui ne le contentoit pas plus que la premiere : Enfin c'estoit bien le plus cruel enfant qui fut jamais, & qui donna le plus de peine à eslever. Mais revenons à nostre Histoire.

Le Desir aprés quelques jours de mariage, ayant jetté les yeux sur la Bonté sa belle sœur, qu'il n'avoit pas encore bien consideré à cause de la grande passion qu'il avoit euë d'abord pour sa femme, mais qui commençoit un peu à se refroidir ; l'ayant, dis-je, regardée de plus prés, il remarqua en elle mille agrémens & mille perfections qui le toucherent sensiblement : sur tout il fut charmé de son humeur douce, complaisante & officieuse, qui n'aimoit qu'à faire du bien, & dont il y avoit lieu d'attendre bien plus de secours dans les besoins & dans les rencontres fâcheuses de la vie, que de la Beauté sa sœur, qui sembloit n'estre née que pour la joye, & qui en effet ne se connoissoit point du tout à prendre part aux afflictions. Il la reconnut patiente & genereuse, jusqu'à obliger ceux-mesmes qui l'avoient offensée ; en quoy elle estoit fort differente de la Beauté, qui bien loin de souffrir des mespris, se fâchoit quand on ne la cajolloit pas assez galamment. Enfin il jugea que si dans la possession de la Bonté, on ne goustoit pas des plaisirs si sensibles ny si touchans qu'en celle de la Beauté, on en recevoit asseurément de plus tranquilles & de plus durables ; Epris de tant de perfections & de tant d'aimables qualitez, il luy découvre les sentimens qu'il avoit pour elle ; la Bonté qui estoit facile, & qui ne pouvoit refuser ceux qui la prioient de bonne grace, luy accorda volontiers ce qu'il souhaitoit, & le receut pour son mary ; de leur alliance nasquit l'Amitié, qui fut les delices & la joye de tout le monde ; il est vray que durant son premier âge elle ne fut pas si gentille, ny si agreable que l'avoit esté l'Amour ; mais lors qu'elle commença d'estre un peu grande elle parut si belle, qu'elle fut desirée & recherchée de tous ceux qui la virent. On tafchoit de la mettre de toutes les parties que l'on faisoit, & une compagnie ne sembloit pas complette, ny en disposition de se bien divertir, si elle manquoit

à

à s'y rencontrer: Les Philosophes mesmes ne doutoient pas de dire que sa presence diminuoit toutes les afflictions & redoubloit tous les plaisirs, & que la vie estoit ennuyeuse sans elle. Il est vray qu'elle donnoit sujet à toutes sortes de personnes de se loüer de sa conduite, & qu'elle estoit aussi sage, & aussi discrette que l'Amour estoit fou & emporté: aussi son pere qui le reconnut dans plusieurs recontres se plaignoit souvent à elle des déplaisirs que son frere luy donnoit, & luy en faisoit confidence pour en recevoir du conseil, & de la consolation.

Voilà, Monsieur, comme je leur en fis l'histoire, qui fait voir non seulement que l'Amour & l'Amitié sont frere & sœur; mais aussi que l'Amour est l'aisné. Ce qui paroist encore assez dans leur maniere d'agir ensemble, car il ne faut que considerer comment l'Amour gourmande sa sœur, comment il la fait passer par où il veut, & de quelle sorte il luy fait sa part, pour remarquer qu'il la traitte en cadette, & que souvent il use de son droit d'aisnesse. Tout cela fut assez bien receu de la compagnie, & l'on n'y trouva rien à redire, sinon que le Desir eust épousé deux femmes en mesme temps, & encore les deux sœurs; mais je ne pense pas que l'on doive chicaner là dessus, ny que l'on vüeille luy faire son procés à la Tournelle ou à l'Officialité comme à un Bigame : il y a long-temps que toute cette intrigue est découverte, sans que personne en ayt jamais formé la moindre plainte ; & de plus cela s'est passé dans le premier âge du monde, où il n'estoit pas défendu d'épouser les deux sœurs. On sçait d'ailleurs que le Desir n'est pas d'humeur à se contenter d'une femme ; & qu'enfin outre la Beauté & la Bonté, il a encore l'Utilité, l'Honnesteté, & la belle Joye, en qualité de femmes legitimes, sans compter les Maistresses qu'il entretient en ville, comme la Richesse, la Vainegloire, & la Volupté, dont il a mesme des enfans; qui sont l'Avarice, l'Ambition, & la Débauche ses filles naturelles. On n'ignore pas non plus qu'il conserve d'autres petites Inclinations qu'il aime éperduëment : car c'est sa coustume de se porter avec plus d'empressement & de chaleur aux choses qui luy sont défenduës, qu'à celles qui luy sont permises.

Vous pouvez maintenant, Monsieur, lire le Dialogue de l'Amour & de l'Amitié, & voir comment ils s'entretiennent. Je sçay bien que vous leur avez ouy dire cent fois les mesmes choses d'une maniere bien plus galante, & que si vous vouliez nous en faire le recit, nous y remarquerions si bien leurs veritables caracteres, qu'il nous sembleroit les entendre dis-

A M. L'ABBE' D'AUBINAC.

courir eux-mesmes, mais chacun rapporte les choses à sa façon. Je leur ay ouy faire encore quantité d'autres conversations assez jolies, que je pourray vous écrire quelque jour, si je voy que celle-cy ait eu le bon-heur de vous plaire, à vous dis-je, que je puis nommer l'arbitre des bonnes choses, & le grand Maistre des Allegories. En cette qualité vous pouvez faire tout ce que vous voudrez de ce Dialogue, & penser ce qu'il vous plaira de ce que je fais dire à l'Amour & à l'Amitié, pourveu que vous croyez que l'Amitié dit vray quand elle vous asseure que je suis passionnement,

MONSIEUR,

Vostre tres-humble & tres-obeïssant serviteur, PERRAULT.

DIALOGUE DE L'AMOUR & de l'Amitié.

L'AMOUR.

IL faut avoüer, ma chere sœur, que nous faisons bien parler de nous dans le monde.

L'AMITIE'.

Il est vray, mon frere, qu'il n'est point de compagnie un peu galante, où nous ne soyons le sujet de la conversation, & où l'on n'examine qui nous sommes, nostre naissance, nostre pouvoir, & toutes nos actions.

L'AMOUR.

Cela me déplaist assez, car il n'est pas possible de s'imaginer le mal qu'on dit de moy. Les serieux me traittent de folâtre & d'emporté; les enjoüez de chagrin & de melancolique; les vieillards de faineant & de débauché, qui corrompt la jeunesse; les jeunes gens de cruel & de tyran qui leur fait souffrir mille martyres, qui les retient en prison, qui les brûle tous vifs, & qui ne se repaist que de leurs soûpirs & de leurs larmes. Mais ce qui me fâche le plus, c'est que je suis tellement décrié parmy les femmes qu'on n'oseroit presque parler de moy, ou si on leur en parle, il faut bien se donner de garde de me nommer ; mon nom seul leur fait peur & les fait rougir; pour vous, ma sœur, chacun s'empresse de vous loüer, on vous nomme la douceur de la vie, l'union des belles ames, le doux lien de la societé ; & enfin ceux qui se meslent de pousser les beaux sentimens, disent tout d'une voix, & le disent en cent façons, qu'il n'est rien de si beau, ny de si charmant que la belle Amitié.

L'AMITIÉ.

Vous vous raillez bien agreablement : je me connois, mon frere, & je n'ay garde de prendre pour moy les douceurs qui s'adressent à vous. Quoy qu'il soit bien aisé de me tromper, & que je sois fort simple & fort naïve, je ne le suis pas neantmoins assez, pour ne pas voir qu'on me joüe, & qu'on se sert de mon nom pour parler de vous ; mais je ne dois pas le trouver étrange, puisque vous-mesme vous l'empruntez tous les jours pour vous introduire dans mille cœurs, dont vous sçavez bien que l'on vous refuseroit l'entrée, si vous disiez le vostre.

B iij

L'AMOUR.

J'avoüe, ma sœur, que je me sers souvent de cet artifice qui me reüssit heureusement: d'autres fois je m'appelle Respect, & j'en imite si bien la maniere d'agir, les civilitez & les reverences, qu'on me prend aisément pour luy. Je passe mesme quelquefois pour une simple Galenterie, tant je sçay bien me déguiser quand je veux. Et à vous dire le vray, je n'ay point de plus grand plaisir que d'entrer dans un cœur *incognito*. D'ailleurs je suis si peu jaloux de mon nom, que je prens volontiers le premier qu'on me donne: je trouve bon que toutes les femmes m'appellent Estime, Complaisance, Bonté, & mesme si elles veulent une Disposition à ne pas haïr, il ne m'importe, puisqu'enfin mon pouvoir n'en diminuë pas, & que sous ces differens noms, je suis toujours le mesme, ce sont de petites façons qu'elles s'imaginent que leur gloire les oblige de faire.

L'AMITIE'.

Peut-estre, mon frere, vous donnent-elles tous ces noms faute de vous connoistre.

L'AMOUR.

Je vous asseure, ma sœur, qu'elles sçavent bien ce qu'elles disent: je n'entre gueres dans un cœur qu'il ne s'en apperçoive ; la Joye qui me precede, l'Emotion qui m'accompagne, & le petit Chagrin qui me suit font assez connoistre qui je suis. Mais quoy, elles mourroient plustost mille fois que de me nommer par mon nom, j'ay beau les faire soupirer pour leurs Amans, les faire pleurer pour leur absence, ou pour leur infidelité, les rendre pasles, & défaites, les faire mesme tomber malades, elles ne veulent point avouër que je sois maistre de leur cœur ; cette opiniastreté est cause que je prens plaisir à les mal-traiter davantage, estant d'ailleurs bien asseuré qu'elles ne m'accuseront pas des maux que je leur fais souffrir : je sçay qu'elles s'en prendront bien plustost à la Migraine, ou à la Ratte, qui en sont tout-à-fait innocentes, & que si on les presse de declarer ce qui leur fait mal, elles ne diront jamais que c'est moy ; il n'en est pas ainsi des hommes, ils crient aussi-tost que je les approche, & bien souvent mesme avant que je les touche, & pour peu que je les mal-traite, ils s'en plaignent à toute la Terre, & mesme aux arbres & aux rochers ; ils me disent des injures estranges, & font de moy des peintures si épouvantables, qu'elles seroient capables de me faire haïr de tout le monde, si tout le monde ne me connoissoit.

DIALOGUE DE L'AMOUR

L'AMITIÉ.

Si quelques hommes ont fait de vous des peintures capables de vous faire haïr, il faut avoüer qu'une infinité d'autres en ont fait de bien propres à vous faire aimer : ils vous ont dépeint en cent façons les plus agreables du monde ; & vous sçavez que tous les Amans ne taschent qu'à vous representer le plus naïvement qu'ils peuvent, & avec tous vos charmes, pour vous faire agréer de leurs Maîtresses. Mais puisque nous en sommes sur les personnes qui se meslent de vous dépeindre, ne vous estes-vous point avisé de faire vous-meme vostre portait, à present que chacun fait le sien ? Vous devriez vous en donner la peine, quand ce ne seroit que pour desabuser mille gens qui ne vous connoissent que sur de faux rapports, & qui se forment de vous une idée monstrueuse, & tout-à-fait extravagante.

L'AMOUR.

Un portrait comme vous l'entendez, quand mesme il seroit de ma main, serviroit peu à me faire connoistre; il n'est pas que vous n'ayez veu celuy qui fut fait autrefois en Grece par un excellent Maistre, & qui depuis a couru par toute la terre, sous le nom de l'Amour fugitif;

ET DE L'AMITIÉ. 25

vous avez pû voir encore une copie du mesme portrait de la main du Tasse. Ce sont deux pieces admirables, & telles que plusieurs ont voulu que j'en fusse l'Auteur. Cependant quoy que tous mes traits y soient fort bien representez, il est vray neantmoins qu'il y manque, comme dans tous les autres portraits qu'on fait de moy, un certain je ne sçay quoy de tendre, de doux & de touchant qui me distingue de quelques Passions qui me ressemblent, & qui est en effet mon veritable caractere : les cœurs que je touche moy-mesme le ressentent fort bien, mais ny les couleurs ny les paroles ne pourront jamais l'exprimer. Il faut pourtant que je vous en montre un en petit qui est assez joly, & qui sans doute ne vous déplaira pas, il m'est tombé par hazard entre les mains, & je l'aime pour sa petitesse ; le voicy si je ne me trompe :

L'Amour est un enfant aussi vieux que le monde.
Il est le plus petit & le plus grand des Dieux.
De ses feux il remplit le Ciel, la Terre, & l'Onde.
Et toutesfois Iris le loge dans ses yeux.

L'AMITIÉ.

Ce portrait me plaist extremement, & je trouve qu'on peut adjoûter comme une chose qui n'est pas moins étonnante que les autres,

C

l'adresse avec laquelle il vous renferme dans quatre vers, vous qui remplissez tant de volumes. Cependant, mon frere, vous estes bien-heureux de trouver ainsi des Peintres qui fassent vostre portrait. Pour moy je ne connois personne qui voulust se donner la peine de travailler au mien; de sorte que pour avoir la satisfaction d'en avoir un, il a fallu que je l'aye fait moy-mesme : vous verrez si j'ay bien reüssi, & si je ne me suis point flattée, moy qui fais profession de ne flatter personne :

J'ay le visage long, & la mine naïve,
  Je suis sans finesse & sans art,
Mon teint est fort uny, sa couleur assez vive,
  Et je ne mets jamais de fard.

❧❧❧

Mon abord est civil, j'ay la bouche riante,
  Et mes yeux ont mille douceurs,
Mais quoyque je sois belle, agreable & charmante :
  Je regne sur bien peu de cœurs.

❧❧❧

On me cajolle assez, & presque tous les hommes
  Se vantent de suivre mes loix :
Mais que j'en connois peu dans le siecle où nous sommes,
  Dont le cœur réponde à la voix.

Ceux que je fais aimer d'une flame fidelle,
Me sont l'objet de tous leurs soins :
Et quoyque ie vieillisse ils me trouvent fort belle
Et ne m'en estiment pas moins.

On m'accuse souvent d'aimer trop à paroistre
Où l'on voit la prosperité,
Cependant il est vray qu'on ne peut me connoistre,
Qu'au milieu de l'adversité.

J'ay veu le temps que je n'aurois pas eu le loisir de faire ce Portrait, lorsque j'estois de toutes les Societez, & que je me trouvois dans dans toutes les grandes assemblées, mais à present que je me voy bannie du commerce du monde, j'ay tasché de me divertir quelques momens dans cette innocente occupation.

L'AMOUR.

Je trouve, ma sœur, que vous y avez fort bien reüssi, si ce n'est à la verité que vous estes un peu trop modeste, & que vous ne dites pas la moitié des bonnes qualitez qui sont en vous, puisqu'enfin vous ne parlez point de cette gonerosité des-interessée qui vous est si naturelle, & qui vous porte avec tant de chaleur à servir vos amis.

L'AMITIE'.

Vous voyez cependant l'estat que l'on fait de moy dans le monde : il semble que je ne sois plus bonne à rien, & parceque je n'ay point cette complaisance estudiée, & cet art de flatter qu'il faut avoir pour plaire, on trouve que je dis les choses avec une naïveté ridicule, & qu'en un mot je ne suis plus de ce temps-cy. Vous sçavez, mon frere, que je n'ay pas esté toujours si meprisée, & vous m'avez veu regner autrefois sur la terre avec un empire aussi grand & aussi absolu que le vostre. Il n'estoit rien alors que l'on ne fist pour moy ; rien que l'on ne crûst m'estre deu, & rien que l'on osast me refuser : l'on faisoit gloire de me donner toutes choses, & mesme de mourir pour moy si l'on croyoit que je le voulusse ; & je puis dire que je me voyois alors maistresse de beaucoup plus de cœurs que je n'en possede à present, bien que les hommes de ce temps-là n'eussent la pluspart qu'un mesme cœur à deux, & qu'aujourd'huy il ne s'en trouve presque point qui ne l'ait double. Je ne sçay pas pourquoy l'on m'a quittée ainsi, moy qui fais du bien à tout le monde, & dont jamais personne n'a receu de déplaisir, & que cependant chacun continuë à vous suivre aveuglément, vous qui traittez si mal ceux qui vivent sous vostre Empire, & qui les outragez de telle sorte qu'on n'entend en tous lieux que des gens qui soûpirent & qui se plaignent de vostre tyrannie.

L'AMOUR.

Il est vray que la pluspart de mes sujets murmurent incessamment, ils crient mesme tout haut qu'ils n'en peuvent plus, & que je les reduis à la derniere extremité, & bien souvent ils me menacent de secoüer le joug ; mais tout leur bruit ne m'émeut gueres, je sçay qu'ils font toujours le mal bien plus grand qu'il n'est, & qu'il s'en faut beaucoup qu'ils soient aussi malheureux qu'ils veulent qu'on les croye.

L'AMITIE'.

Je suis persuadée qu'ils le sont encore plus qu'ils ne le disent, & je ne connois rien dont les hommes reçoivent plus de mal que de vous. La Guerre, la Famine, & les Maladies affligent en de certains temps quelque coin de la terre, & quelques personnes seulement, pendant que le reste du monde joüit de la Paix, de l'Abondance & de la Santé, mais il n'y a point de temps, de lieux, ny de personnes, qui soient exemts de vostre persecution. On aime durant l'Hyver comme durant l'Esté, aux Indes comme en France, & les Roys soûpirent comme les Bergers ; les Enfans mesme que leur âge en avoit jusqu'icy preservez y sont sujets comme les autres, & par un prodige étonnant vous faites qu'ils aiment avant que de connoistre, & qu'ils perdent la raison avant que de l'avoir. Vous n'ignorez pas les maux que vous causez, puisqu'on ne voit par tout que des Amans qui se desesperent, des Jaloux qui se servent de poison, & des Rivaux qui s'entretuënt.

L'AMOUR.

J'avoüe que je suis bien mechant quand je suis irrité, & il est vray qu'en de certaines rencontres je deviens si terrible, que bien des gens se sont imaginez que je me changeois en fureur. Mais s'il m'arrive quelquefois de faire beaucoup de mal, je puis dire qu'en recompense je fais beaucoup de bien. La Fortune qui se vante par tout que c'est à elle seule qu'il appartient de rendre heureux ceux qu'il luy plaist, n'y entend rien au prix de moy ; quelques biens, & quelques honneurs qu'elle donne à un homme, il n'est jamais content de sa condition ; & on luy voit toujours envier celle des autres, ce qui n'arrive point aux vrais amans. Pour peu que je leur sois favorable, ils ne croyent pas qu'il y ait au monde de felicité comparable à la leur; lors mesme que je les maltraite, ils se trouvent encore trop heureux de vivre sous mon Empire; & je voy tous les jours de simples Bergers qui ne changeroient pas leur condition avec celle des Roys, s'il leur en coustoit l'amour qu'ils ont pour leurs Bergeres, toutes cruelles & ingrattes qu'elles sont.

L'AMITIE'.

Ces Bergers dont vous venez de parler font bien voir que vous gastez l'esprit de tous ceux qui vous reçoivent, mais non pas que vous les rendiez effectivement heureux. Car enfin quelle extravagance d'estre malade comme ils disent qu'ils sont, & ne vouloir pas guerir; estre en prison & refuser la liberté; en un mot estre miserable, & ne vouloir pas cesser de l'estre.

L'AMOUR.

Leur extravagance seroit encore plus grande de vouloir guerir, ou sortir de prison, non seulement parceque leur maladie est plus agreable que la santé, & qu'il est moins doux d'estre libre que d'estre prisonnier de la sorte;

mais aussi parce qu'il leur seroit fort inutile de le vouloir, si je ne le voulois aussi. Je ne suis pas un hoste qu'on chasse de chez soy quand on veut ; Comme j'entre quelquefois chez les gens contre leur volonté, j'y demeure aussi bien souvent malgré qu'ils en ayent, & je me soucie aussi peu de la resolution que l'on prend de me faire sortir, que de celle que l'on fait de m'empescher d'entrer.

L'AMITIE'.

Vostre procedé, mon frere, est bien different du mien, je quitte les gens dés le moment que je les incommode, l'on ne m'a qu'autant que l'on veut m'avoir, & l'on ne voit point d'amis qui le soient malgré eux. Quand je suis dans un cœur, & qu'il vous prend fantaisie d'y venir pour prendre ma place, vous sçavez avec quelle douceur je vous la quitte, je me retire insensiblement & sans bruit ; le cœur mesme où se fait cet échange ne s'en apperçoit pas, & quelquefois il y a long-temps que vous le bruslez, qu'il croit que c'est moy qui l'échauffe encore, & qui le fais aimer. Vous n'avez garde d'en user de la sorte, lors qu'un pauvre cœur se resout à vous échanger avec moy, parceque la raison le commande, & l'y contraint, bien qu'il ait un extreme regret de se voir obligé à une si cruelle separation, bien qu'il vous conjure en soûpirant de le laisser en paix, & que vous n'ignoriez pas qu'il ne me veut avoir, que parceque je vous ressemble, & que c'est en quelque façon vous retenir que de m'avoir en vostre place : Neantmoins avec quelle cruauté ne vous mocquez-vous point de ses soûpirs : vous le poussez à bout ; & parce qu'il a eu seulement la pensée de se mettre en liberté, vous redoublez ses chaisnes, & l'accablez de nouveaux supplices. Que si vous le laissez en repos quelque temps, en sorte qu'il commence à croire qu'il s'est heureusement delivré de vous, quel plaisir ne prenez-vous point à luy faire sentir qu'il n'est pas où il pense ; vous le pressez de toute vostre force, & par un soûpir redoublé qui luy échappe, ou par quelque pointe de jalousie qui le pique, il ne connoist que trop que vous estes encore le Maistre chez luy, mais le Maistre plus absolu & plus redoutable que jamais.

L'AMOUR.

J'en use ainsi, ma sœur, pour montrer que l'on ne peut rien sur moy, & que pour entrer dans un cœur ou pour en sortir, je ne dépens de qui que ce soit au monde. Quelques-uns se sont imaginé que j'avois besoin du secours de la Sympathie pour m'insinuer dans les cœurs, & que je m'efforcerois en vain de m'en rendre le maistre, si auparavant elle ne les disposoit à me recevoir. C'est une vieille erreur que l'Experience détruit tous les jours; Et en effet bien loin d'estre toujours redevable de mon Empire à la Sympathie, c'est moy qui luy donne entrée, & qui l'établis en bien des cœurs, où sans moy elle ne se seroit jamais rencontrée. Combien voit-on de personnes dont l'humeur & l'inclination estoient tout-à-fait opposées, que je fais s'entr'aimer, & qui dés aussi-tost que je les ay touchez changent de sentiment en faveur l'un de l'autre, viennent à aimer & à haïr les mesmes choses, & enfin deviennent tout à-fait semblables.

L'AMITIE'.

Pour moy j'avoüe que je suis redevable à la Sympathie de la facilité que je trouve à m'établir dans les cœurs, & je diray mesme qu'il me seroit impossible de les lier estroitement, si auparavant elle ne prenoit la peine de les assortir. Il ne semble pas qu'elle se mesle de quoy que ce soit, on n'entend jamais de bruit, ny de dispute où elle est, & asseurément il n'est rien de si doux, ny de si tranquille que la Sympathie. Cependant par de secrettes intelligences qu'elle a dans les cœurs, & par de certains reſſorts qu'on ne connoiſt point, elle fait des choſes inconcevables, & ſans ſe remuer en apparence elle remuë toute la terre. Les Philoſophes ont ſouhaitté de tout temps d'avoir ſa connoiſſance, mais il ne leur a pas eſté poſſible d'y parvenir, & elle a toujours aimé à vivre cachée aux yeux de tout le monde. Quelques-uns ont pris pour elle la Reſſemblance des humeurs, mais ils ont bien reconnu qu'ils s'eſtoient trompez, & que ſi elle a de l'air de la Sympathie elle ne l'eſt pas effectivement. Il n'eſt perſonne qui les connoiſſe mieux que moy toutes deux, & qui ſçache plus préciſement la difference qui eſt entre elles. Autant que j'aime à me trouver avec la Sympathie, autant ay-je de peine à m'accorder avec la Reſſemblance des humeurs.

L'AMOUR.

Ce que vous dites-là paroiſt eſtrange, & l'on a toujours crû que la Conformité d'humeurs eſtoit une diſpoſition tres-grande à s'entre-aimer.

L'AMITIE'.

Il eſt pourtant vray que les perſonnes de meſme profeſſion, & qui reüſſiſent egalement ne s'aiment point, cette égalité eſt toujours accompagnée de l'Envie, mon ennemie jurée, & avec laquelle je ne me rencontre jamais. Ceux mesme qui ont le plus d'esprit ne peuvent vivre ensemble quand ils croyent en avoir autant l'un que l'autre, & principalement lorsque l'ayant tourné de la mesme façon, ils sont persuadez qu'ils excellent dans une mesme chose. On sçait aussi que les Enjoüez, les Diseurs de bons mots, ceux qui font profession de divertir agreablement une compagnie, ne peuvent souffrir leurs semblables, & qu'ils ont bien du dépit quand ils en rencontrent d'autres qui parlent autant qu'eux. Mais sur tout la Ressemblance & la Conformité d'humeurs me nuit parmy les femmes. Deux Coquettes se haïssent necessairement; deux Pretieuses encore plus, quelque mine qu'elles fassent de s'aimer : & mesme c'est assez pour estre asseuré que deux femmes ne seront jamais bonnes amies, si elles dansent, ou si elles chantent bien toutes deux. Je trouve cent fois mieux mon compte lors que leurs humeurs, ou leurs perfections ont moins de rapport; lorsque l'une d'elles se pique de beauté, & l'autre d'esprit; l'une d'estre fiere & serieuse, & l'autre d'estre enjoüée & de dire cent jolies choses qui divertissent. La raison de cette bonne intelligence est bien aisée à deviner, c'est que ces sortes de personnes n'ont rien à partager ensemble; les douceurs qu'on dit à l'une ne sont point à l'usage de l'autre, & elles s'entendent cajoller sans jalousie, ce qui n'arrive pas lors qu'elles ont les mesmes avantages. A vous dire le vray de quelque humeur que soient les femmes, je ne me rencontre guere avec elles, ou si je m'y rencontre quelquefois, je n'y demeure pas long-temps: Ma sincerité leur déplaist, & elles sont tellement accoustumées à la flatterie, qu'elles rompent aisément avec leur meilleure amie, dés la premiere verité qu'elle leur dit. Neantmoins ce qui m'empesche d'avoir grand commerce avec elles, n'est pas tant parce qu'elles se disent leurs veritez, que parce qu'elles ne se les disent pas; Car enfin si une femme s'aperçoit que son amie a quelque defaut dont elle pourroit se corriger, si elle-mesme le connoissoit, ne pensez-pas qu'elle l'en avertisse, elle aura une maligne joye de voir que ce defaut luy donne avantage sur elle; & mesme si une coëffure ou un ajustement luy sied mal, elle aura la malice de luy dire qu'il luy sied admirablement. Cecy n'est pas vray neantmoins pour toutes les femmes, j'en sçay qui observent mes loix avec beaucoup d'exactitude & de soûmission.

L'AMOUR.

Je puis dire aussi que je connois des femmes qui sçavent parfaitement aimer, & qui pourroient faire à tous les hommes des leçons de fidelité & de constance. Je diray mesme que c'est une injustice que l'on a faite de tout temps à ce beau sexe de l'accuser de legereté, & que je ne sçay point d'autre raison de la mauvaise reputation qu'il a d'estre inconstant, que parceque les hommes font les livres, & qu'il leur plaist de le dire & de l'écrire ainsi. Il est constant que comme les femmes aiment presque toujours les dernieres, elles ne cessent aussi presque jamais d'aimer que lors qu'on ne les aime plus ; & que comme il faut un long temps & de fortes raisons pour les engager dans l'affection des hommes, elles ne s'en retirent aussi que pour des sujets qui le meritent & qui les y obligent absolument.

L'AMITIE'.

Ce n'est pas là l'opinion commune ; & si la chose est ainsi que vous le dites, je connois bien des gens dans l'erreur, & qu'il seroit mal-aisé de desabuser. Quoy qu'il en soit je ne voy pas que les femmes doivent tirer beaucoup de gloire de cette constance, & de cette fidelité dont vous les loüez, puisqu'il en est si peu qui en sçachent bien user, & que la plufpart ne s'en servent que pour aimer des personnes qu'elles feroient mieux de n'aimer

ET DE L'AMITIÉ.

point du tout. En verité, mon frere, c'est une chose estrange, que vous preniez plaisir à mettre la division & le desordre dans les familles, vous qui devriez n'avoir d'autre employ que d'y conserver l'union & la paix ; & que ne pouvant durer long-temps où vous avez obligation de vous trouver, vous n'ayez point de plus grande joye que de vous couler adroittement où il est défendu de vous recevoir. Il semble mesme que l'Hymenée que vous témoignez souhaitter quelquefois si ardemment, vous chasse de tous les lieux où il vous rencontre. Car enfin depuis que je vas au Cours je ne me souviens point de vous avoir veu en portiere entre le mary & la femme, au lieu que l'on vous void sans cesse entre la femme & le galand, où vous faites cent gentillesses & cent folies, pendant que le Mary se promene un peu loin delà entre le Chagrin & la Jalousie qui le tourmentent cruellement, & qui de temps en temps ouvrent & ferment les rideaux de son carrosse. La Jalousie les ouvre incessamment pour luy faire voir ce qui se passe, & le Chagrin les referme aussi-tost pour l'empescher de rien voir qui luy déplaise.

L'AMOUR.

Il me semble, ma sœur, que toute sage que

vous estes, vous ne vous acquittez pas mieux que moy de vostre devoir, & qu'on ne vous rencontre gueres souvent où vous devriez estre toujours, je veux dire entre les freres & les sœurs, & entre les parens les plus proches, qui faute de vous avoir au milieu d'eux se déchirent les uns les autres, & se haïssent mortellement.

L'AMITIE'.

J'en ay bien du regret, mais je n'y sçaurois que faire, ils sont la pluspart tellement attachez à l'Interest mon ennemy caché, & avec lequel j'ay une horrible anthipatie, car vous sçavez qu'il veut tout avoir à luy, & qu'au contraire je fais profession de n'avoir rien à moy; ils sont dis-je, tellement attachez à ce lâche Interest, qu'ils m'abandonnent volontiers plustost que luy. D'ailleurs comme ils tirent chacun de leur costé, ils rompent tous mes liens & m'échapent sans cesse.

L'AMOUR.

Je vous pardonnerois d'abandonner des parens interessez & déraisonnables, si c'estoit pour vous trouver avec des estrangers sages & vertueux; mais il est certain que le plus souvent ce n'est que la Debauche & le Vice qui vous attirent, & qui vous font demeurer où vous

ET DE L'AMITIÉ. 41

vous estes; & que deux hommes ne seront bons amis, que parce que ce sont deux bons yvrongnes, deux francs voleurs, ou deux vrais impies.

L'AMITIÉ.

Je ne me suis jamais rencontrée avec ces gens-là, j'avoüe qu'il y a entr'eux une certaine Affection brutale & emportée qui me ressemble en quelque chose, & qui affecte fort de m'imiter: Il est encore veritable qu'elle fait en apparence les mesmes actions que moy; je dis ces actions éclattantes qui estonnent toute la terre, mais ce n'est point par le principe de generosité qui m'anime, & l'on peut dire qu'elle les fait de la mesme maniere que la magie fait les miracles. Les Sages qui connoissent les choses n'ignorent pas la difference qui est entre elle & moy, & ils ont toujours bien sçeu que je ne me rencontre jamais qu'avec la Vertu, & au milieu des Vertueux.

L'AMOUR.

S'il est ainsi, ma sœur, on ne vous trouve pas aisément, & vostre demeure est bien difficille à trouver.

L'AMITIÉ.

Elle l'est asseurément plus que la vostre,

D

42 DIALOGUE DE L'AMOUR

puisque je ne me plais qu'avec les Sages qui sont fort rares, & que vous au contraire ne vous plaisez qu'avec les fous, dont le nombre est presque infiny, & dont vous aimez tant la compagnie, que si les personnes qui vous reçoivent ne le sont pas encore tout-à-fait, vous ne tardez gueres à les achever.

L'AMOUR.

Je sçay bien, ma sœur, qu'il y a long-temps qu'on me reproche de ne pouvoir vivre avec la Raison, & qu'on m'accuse de la chasser de tous les cœurs dont je me rends le maistre; Mais je puis dire que fort souvent nous nous accordons bien ensemble, & que si quelquefois je me vois obligé à luy faire quelque violence, il y a de sa faute bien plus que de la mienne.

L'AMITIÉ.

N'est-ce point que la Raison a tort, & que vous estes bien plus raisonnable que la Raison mesme.

L'AMOUR.

Je ne voudrois pas vous l'asseurer; mais je sçay bien que si elle vouloit ne se point mesler de mes affaires, comme je ne me mesle point des siennes, nous vivrions fort-bien ensemble.

ET DE L'AMITIE'.

Je n'empesche point qu'elle ne conduise les hommes dans les affaires importantes de leur vie ; je veux bien qu'elle les rende grands Politiques, bons Capitaines, & sages Magistrats ; mais je ne puis souffrir qu'elle s'ingere de contrôller mes divertissemens, & mes plaisirs, ny moins encore de regler la dépense, les Bals, les Cadeaux, & toutes les Galenteries des Amans : N'a t'elle pas assez d'autres choses plus serieuses pour s'occuper, & pourquoy faut-il qu'elle s'amuse à mille bagatelles dont elle n'a que faire ? Que voulez-vous que je vous die, c'est une superbe & une vaine qui veut regner par tout, qui critique tout, & qui ne trouve rien de bien fait que ce qu'elle fait elle mesme ; Je la repousse à la verité d'une terrible force quand je ne suis pas en humeur d'en souffrir, & fort souvent nous nous donnons des combats effroyables. Mais pour vous montrer que j'en use mieux qu'elle en toutes choses ; quand elle est la plus forte, & qu'elle a avantage sur moy, elle ne me donne point de quartier, elle me chasse honteusement, & publie en tous lieux la victoire qu'elle a remportée. Pour moy quand je demeure le vainqueur, ce qui arrive assez souvent, je me contente de me rendre le Maistre de la place ; & pourveu que le cœur m'obeïsse, je luy laisse disposer à sa fantaisie

D ij

de tous les dehors : je ne me vante point de l'avoir battuë, & comme elle est glorieuse, elle ne s'en vante pas aussi, elle fait bonne mine, & paroist toujours la maistresse.

L'AMITIE'.

On remarque en effet que tous les Amans quelques fous qu'ils soient, veulent paroistre sages, & on n'en voit pas un qui ne pretende estre fort raisonnable ; mais de toutes leurs extravagances, je n'en trouve point de plus plaisante que celle qui leur est commune à tous, je veux dire la forte persuasion qu'ils ont que la personne qu'ils aiment est la plus belle & la plus accomplie de toutes celles qui sont au monde : je me suis cent fois estonnée de cette extravagance.

L'AMOUR.

Est-il bien possible, ma sœur, que vous n'en sçachiez pas la cause, & que vous n'ayez pas encore remarqué que les Amans ne jugent ainsi favorablement de la beauté qu'ils aiment, que parce qu'ils ne la voyent jamais qu'à la lueur de mon flambeau, qui a la vertu d'embellir tout ce qu'il éclaire : C'est un secret qui est fort naturel ; mais cependant que peu de gens ont deviné. Les uns se sont imaginé que j'aveuglois tous les Amans, les autres que

ET DE L'AMITIÉ.

je leur mettois un bandeau devant les yeux pour les empefcher de voir les deffauts de la perfonne aimée; Mais les uns & les autres ont mal rencontré; car enfin il n'eft point de gens au monde qui voyent fi clair que les Amans; on fçait qu'ils remarquent cent petites chofes dont les autres perfonnes ne s'apperçoivent pas, & qu'en un moment ils découvrent dans les yeux l'un de l'autre, tout ce qui fe paffe dans le fond de leur cœur. Je ne comprens pas ce qui a pû donner lieu à de fi eftranges imaginations, fi ce n'eft peut-eftre qu'on ait pris pour un bandeau de certains petits criftaux que je leur mets au devant des yeux, lorfque je leur fais regarder les perfonnes qu'ils aiment. Ces criftaux ont la vertu de corriger les defauts des objets, & de les reduire dans leur jufte proportion. Si une femme a les yeux trop petits, ou le front trop eftroit, je mets au devant des yeux de fon Amant un Criftal qui groffit les objets, en forte qu'il luy voit des yeux affez grands, & un front raifonnablement large. Si au contraire elle a la bouche un peu trop grande & le menton trop long, je luy en mets un autre qui appetiffe, & qui luy reprefente une petite bouche, & un petit menton. Ces Criftaux font affez ordinaires, mais j'en ay de plus curieux, & ce font des Criftaux qui apetissent des bouches, & agrandissent des yeux en mesme temps: j'en ay aussi pour les couleurs, qui font voir blanc ce qui est pasle, clair ce qui est brun, & blond ce qui est roux; ainsi de tout le reste. Mais à qui est-ce que je parle, n'en avez-vous pas aussi bien que moy de toutes les façons ?

L'AMITIÉ.

Il est vray, mon frere, que j'en ay, mais il s'en faut bien qu'ils fassent un effet aussi prodigieux que les vostres; ils ne font qu'adoucir les defauts des objets, & les rendre plus supportables, sans empescher qu'on ne les voye. Cependant, mon frere, il me semble que nous parlons icy bien plaisamment de nos petites affaires, & qu'on se moqueroit bien de nous, si l'on nous entendoit dire, naïvement comme nous faisons, les nouvelles de l'Ecole.

L'AMOUR.

Je connois à la verité bien des personnes qui trouveroient nostre entretien fort simple, & fort commun; mais j'en sçay d'autres dont le jugement seroit plus favorable, & qui le trouveroient assez divertissant.

L'AMITIÉ.

Je sçay du moins qu'il m'a diverti extrêmement, & que j'ay bien du regret de ne pouvoir causer davantage avec vous ; mais je ne veux pas donner sujet de se plaindre de moy à quelques personnes qui m'aiment plus que leur vie, & qui ne me le pardonneroient jamais, si j'estois plus long-temps sans leur donner des marques de mon souvenir.

L'AMOUR.

Adieu donc, ma sœur, aussi-bien ay-je encore plus d'affaires que vous, & qui pressent toutes estrangement. J'ay des Amans à punir, j'en ay d'autres à recompenser, & avec tout cela il faut que je me rende auprés d'Iris qui va partir pour aller au Bal, où je dois luy conquerir le Cœur de tout ce qu'il y aura d'honnestes gens dans l'assemblée, & leur faire avoüer qu'Elle est la plus belle, & la plus aimable personne du monde.

LE MIROIR
OU LA METAMORPHOSE d'Orante.

JE me trouvay il y a quelques jours dans une compagnie, où la Conversation s'estant tournée insensiblement sur ces descriptions galantes & ingenieuses que plusieurs personnes ont faites d'elles mesmes, ou de leurs amis, & qui ont couru par le monde sous le nom de Portraits, il s'en dit cent choses jolies & curieuses. On parla de la difference des bons, & des mauvais ; des qualitez necessaires à ceux qui se meslent d'en faire ; & ensuitte de ceux qui avoient reüssi dans ce genre d'escrire. Ce fut un bon-heur à l'illustre Sapho de ne s'estre pas rencontrée dans cette conversation ; Car de la maniere que chacun se mit à dire du bien de ceux qu'elle a faits, sa modestie eust eu bien à souffrir. Je sçay qu'on ne s'avise gueres de dire rien de semblable où elle est ; Mais je ne suis pas asseuré que la crainte de luy déplaire eust pu nous empescher de la loüer en sa presence de ces sortes de choses. Quoy qu'il en soit, ce qui fut dit me plut infiniment, & sur tout je

fus

fus charmé d'une petite histoire qu'un homme de la compagnie nous fist sur ce sujet le plus à propos, & le plus galamment qu'il est possible.

Voyez-vous ce grand faiseur de portraits, nous dit-il, en nous montrant le miroir de la Chambre où nous estions? Ce fut en son temps un des hommes du monde qui excella le plus en cette sorte d'ouvrages, & qui eut asseurement la plus grande reputation avant qu'il fust metamorphosé. C'est dommage qu'on n'ait pu conserver jusqu'à nous aucun des portraits qu'il fit durant sa vie; mais on n'a jamais pu en garder un seul : Il se contentoit de les montrer aux personnes qu'il dépeignoit, & soit qu'il fust trop paresseux, soit aussi qu'il apprehendast de passer pour Auteur, il observoit exactement de n'en donner jamais de copie.

Cette vision nous parut plaisante, & chacun témoignant souhaitter d'apprendre les particularitez d'une telle Metamorphose, toute la compagnie le conjura d'en faire le recit.

Il y a peu de personnes, poursuivit-il, qui puissent mieux que moy satisfaire vostre curiosité, & vous conter exactement l'histoire que vous me demandez, parce qu'il n'y a pas encore trois jours que je l'ay leuë. Elle est d'un Autheur Venitien, peu connu à la verité, mais qui ne le cede asseurement à pas un autre de sa Nation, pour avoir des imaginations plaisantes & extraordinaires. Cette histoire est écrite en Prose, meslée de quelques Vers que j'ay pris plaisir à traduire en nostre Langue, & dont je pourray bien me souvenir. Voicy comment il la raconte.

Le Miroir que nous avons aujourd'huy parmy nous, fut autrefois un homme fort galand, fort propre, & fort poly, qui se nommoit Orante, & qui se rendit considerable dans le monde par le talent extrordinaire qu'il avoit de faire des Descriptions naïves, & agreables de toutes choses. Les loüanges qu'il en recut, firent qu'il s'occupa avec plaisir à faire le portrait de beaucoup de personnes qui ne pouvoient assez admirer comment il pouvoit composer des Ouvrages si beaux & si finis en si peu de temps: Car bien loin d'y employer des mois entiers, comme la pluspart de ceux qui s'en meslent, il les composoit tous sur le champ, & sans aucune premeditation, tellement que ceux qui vouloient avoir leur portrait, n'avoient qu'à se montrer à luy, & c'estoit fait en un moment. Il avoit encore une adresse admirable, & toute singuliere; c'est qu'il faisoit le portrait du corps & de l'esprit tout ensemble: Je veux dire qu'en depeignant le corps il en expri-

METAMORPHOSE D'ORANTE.

moit si bien tous les mouvemens & toutes les actions, qu'il donnoit à connoistre parfaitement l'esprit qui l'animoit. En representant les yeux d'une femme, il en remarquoit si exactement la maniere de se mouvoir & de regarder, qu'on jugeoit sans peine si elle estoit prude, ou coquette ; stupide, ou spirituelle ; melancolique, ou enjoüée, & enfin quel estoit le veritable caractere de son esprit.

Cette perfection qu'avoit Orante de bien representer, estoit asseurement inconcevable : Mais certes l'on pouvoit dire que hors ce talent particulier, il n'estoit bon à rien. Ceux qui l'examinerent soigneusement trouverent que cette estrange inegalité venoit de ce qu'ayant l'imagination excellente, il n'avoit ny memoire, ny jugement; & en effet il ne se souvenoit jamais de rien, & si-tost que les choses estoient hors de devant luy, elles s'effaçoient entierement de sa memoire. Pour le jugement c'estoit encore pis ; il ne pouvoit rien celer de ce qu'il sçavoit : quelque personne qui se presentast devant luy, il luy rompoit en visiere, il luy disoit à son nez toutes ses veritez ; & sans faire aucune distinction de celles qui sont bonnes à dire, d'avec celles qu'il faut taire, il appuyoit aussi fortement sur les choses du monde les plus outrageantes que sur celles qui pouvoient le plus obliger.

Orante avoit trois freres, qui se mesloient comme luy de faire des portraits & des descriptions de toutes choses, mais il s'en falloit beaucoup qu'ils fussent si bien-faits, ny si habiles que leur aisné. Deux de ces freres estoient tout ronds & fort bossus, l'un pardevant, & l'autre par derriere ; & le troisiéme estoit tellement contraint dans sa taille, qu'il sembloit avoir un baston fiché dans le corps. Celuy qui estoit bossu par derriere faisoit toujours les choses plus grandes qu'elles n'estoient, & comme il estoit d'un naturel fort ardent, il prenoit feu tout à l'heure, & s'emportoit étrangement dans l'hyperbole ; si bien qu'on pouvoit dire de luy avec justice, qu'il faisoit un Geant d'un Pigmée, & d'une Mouche un Elephant. Le bossu pardevant estoit d'une humeur toute contraire, & n'avoit point de plus grand plaisir que d'appetisser & amoindrir tout ce qu'il dépeignoit. Il y avoit encore cette difference en leurs manieres, que le premier estoit un peu confus & tomboit souvent dans le galimatias pour vouloir trop exagerer, & que le second estoit fort exact, & representoit tout avec une netteté admirable. Pour le troisiéme, il estoit encore plus bizarre que ces deux-cy : Quand on luy donnoit à tirer le portrait de quelque chose de fort regulier, il en faisoit

METAMORPHOSE D'ORANTE

un monstre, où l'on ne connoissoit rien; & quand on luy presentoit quelque chose de bien difforme, il se mettoit souvent en humeur de l'embellir, & s'y mettoit quelquefois à tel point, qu'il en faisoit un portrait tout-à-fait agreable. Ces trois freres quoy que fort adroits & fort singuliers en leurs ouvrages, n'estoient neantmoins bons à voir qu'une fois, ou deux, par curiosité, & leur entretien devenoit ennuyeux quand on demeuroit long-temps en leur compagnie. Comme ils estoient assez éclairez tous trois, ils s'apperceurent aisément qu'ils n'estoient pas bien venus dans le beau monde, tellement qu'ils se retirerent chez les curieux, qui les avoient en grande estime, & qui les receurent dans leurs cabinets avec bien de la joye. Là ils s'appliquerent entierement aux Mathematiques, où en peu de temps ils firent des merveilles, & apprirent mesme aux plus sçavans mille secrets admirables.

Pendant que ces trois freres devenus Mathematiciens frequentoient les cabinets des curieux, où ils demeuroient nuit & jour attachez, leur aisné ne bougeoit des cabinets des Dames, de leurs alcoves, & de leurs ruelles, où il occupoit toujours la plus belle & la meilleure place. On s'estonnoit assez de le voir si bien venu chez elles, veu l'estrange liberté qu'il se donnoit de leur dire toutes choses ; mais il estoit en possession d'en user de la sorte, & elles souffroient de luy ce qu'elles auroient trouvé mauvais de tout autre. Elles eussent veritablement bien souhaité qu'il se fust corrigé de cette naïveté trop grande avec laquelle il leur reprochoit leurs defauts ; mais il n'estoit pas en son pouvoir de rien dissimuler, ou du moins c'estoit une faveur qu'on obtenoit si rarement de luy, qu'une femme s'estimoit tout-à-fait heureuse quand elle pouvoit le rencontrer en humeur de la flatter un peu. Ce qui estoit assez surprenant, c'est que ces mesmes femmes qui le connoissoient pour avoir peu de jugement, le consultoient neantmoins sur mille choses, dont elles auroient esté bien faschées de rien resoudre sans son avis. Elles se remettoient entierement à luy de leur contenance & de leur geste, du choix de leurs habits, & de leurs coëffures, dont il ordonnoit souverainement ; de sorte qu'elles n'auroient pas attaché un ruban, ny mis une mouche qu'il ne l'eust approuvé : & sans mentir il decidoit si pertinemment de la bonne grace, & des ajustemens, qu'on remarquoit une notable difference entre les personnes qui s'estoient servies de ses conseils, & celles qui les avoient negligez. Malgré son peu de jugement, il

METAMORPHOSE D'ORANTE.

estoit encore fort raisonnable en une chose où les plus sages manquent souvent : c'est que lors qu'il entretenoit une Dame, il la cajolloit selon sa beauté : Il ne s'emportoit point dans la derniere flatterie, & jamais il ne s'avisoit de persuader à une personne mediocrement belle, qu'elle l'estoit infiniment. Cette maniere de s'exprimer, simple & naïve, luy reüssissoit si bien qu'on demeuroit d'accord de tout ce qu'il disoit ; & comme il n'avançoit rien que de vrai-semblable, il n'avoit point le deplaisir d'entendre une femme luy reprocher qu'il la prenoit pour une autre ou qu'il se moquoit d'elle. Il avoit avec cela une excellente qualité pour plaire à celles qui le voyoient ; c'est qu'il les entretenoit toujours d'elles-mesmes, & jamais de la beauté des autres ; mais rien n'estoit plus agreable que luy, lors qu'il se trouvoit auprés d'une personne parfaitement belle. Il la representoit si bien avec tous ses attraits & tous ses charmes, que l'on croyoit la voir ; & certes de la sorte qu'il avoit soin d'en remarquer les moindres traits, & les plus petites actions, on eust dit qu'il en estoit passionement amoureux, & que l'image de cette aimable personne estoit profondement gravée dans son cœur. Cependant elle n'estoit pas plustost hors de devant luy, qu'il ne s'en souvenoit plus, & si une autre femme également belle se presentoit un moment aprés, il luy disoit les mesmes choses, & n'en paroissoit pas moins passionné, quoy que peut-estre il ne l'eust jamais veuë que cette fois-la. La verité est qu'il estoit fort inconstant, & que personne n'a jamais esté si susceptible que luy de differentes & nouvelles impressions. Cette mauvaise qualité n'empescha pas neantmoins qu'il ne fust fort consideré de beaucoup de Dames qui se soucioient peu de ce qu'il disoit aux autres, pourveu qu'il ne leur dist rien que d'obligeant. Sur tout il fut aimé tendrement d'une jeune personne fort galante, & qui estoit sans doute une des plus belles de son siecle.

On tient que les personnes qui s'aiment beaucoup elles mesmes, n'ont jamais de fortes passions pour les autres; parceque le cœur n'ayant qu'un certain fond d'amour precis & limité, il ne peut pas fournir à la poursuite de deux differens objets en mesme temps. Cette maxime qui se trouve si veritable en mille rencontres, ne le fut point en celles-cy; & la belle Calliste, qui est celle dont nous parlons, quoy qu'elle eust pour elle-mesme tout l'amour & toute la complaisance imaginable, ne fut pas exempte neantmoins d'une autre affection tres-violente : au contraire cette complaisance qu'elle eut pour sa personne, augmenta celle qu'elle eut pour son Amant ; & l'on peut dire que l'amour propre qui destruit ordinairement toutes les autres amours, fist naistre dans son cœur celle qu'elle eut pour Orante. Il seroit mal-aisé de remarquer précisément la naissance de cette affection ; tout ce qu'on en peut asseurer, c'est qu'elle commença dés son enfance, & qu'elle s'accrut avec l'âge, & à mesure que sa beauté s'augmentoit. Ce qui la disposa davantage à l'aimer, c'est qu'il fut un des premiers qui la cajolla, & qui dans un temps où peu de gens la regardoient encore, luy asseura qu'elle estoit aimable, & qu'on avoit tort de ne luy en rien dire : mais ce qui acheva de la gagner entierement, ce fut un portrait admirable qu'il fit de sa jeune Maistresse, un jour qu'elle se trouva beaucoup plus belle qu'elle ne l'avoit encore esté. Depuis ce temps-là elle rechercha tellement toutes les occasions de le revoir, que chacun s'apperçut de l'empressement qu'elle avoit pour s'entretenir avec luy. Ce qui confirma davantage l'opinion qu'on avoit conceuë de cette amitié naissante, fut qu'un jour Caliste estant entrée dans une chambre où estoit Orante, & où il avoit pris sa place entre deux fenestres, qui estoit une place qu'il affectoit fort, soit que la lumiere luy fist mal, soit qu'il fust assez coquet pour chercher l'ombre, elle s'alla mettre vis-à-vis de luy, sans songer qu'elle s'exposoit elle-mesme au grand jour qu'elle avoit evité jusqu'alors, avec un soin qui n'est pas concevable ; mais elle ne pensoit qu'à se placer en un lieu d'où elle pût bien voir son cher Orante, & le contempler à son aise. Depuis qu'elle fut entrée jusques à ce qu'elle sortit, elle ne leva pas les yeux de dessus luy, & bien que quelques personnes luy en fissent la guerre, elle ne put s'en empescher : il luy arriva mesme bien des fois de répondre hors de propos à ce qu'on luy demandoit, par ce qu'elle estoit trop attentive à luy parler des yeux, & à escouter en mesme temps ce qu'il luy disoit. Cependant leur entretien estoit pour lors assez commun, & à dire le vray :

Ce n'estoit qu'une bagatelle
Qu'il repeta plus de cent fois,
Mais, qui la charmoit toutesfois,
Et luy sembloit toujours nouvelle ;
Il luy disoit qu'elle estoit belle.

La passion de l'aimable Caliste s'accrut si fort avec le temps, qu'elle ne pouvoit plus

METAMORPHOSE D'ORANTE.

abandonner son cher Orante ; elle voulut qu'il s'attachast à elle absolument, & qu'il la suivist par tout où elle iroit, de sorte que bien des gens disoient assez plaisamment qu'elle l'avoit toujours pendu à sa ceinture. Quoy qu'il en soit, il est constant qu'on les a trouvez cent fois seuls, & teste à teste dans une chambre, où ils passoient des jours presque entiers à s'entretenir, sans qu'il parust que la Dame se fust ennuyée. Un de ses Amans fort jaloux, & fort emporté de son naturel en pensa mourir de dépit, un jour qu'il les surprit ensemble. La porte de la chambre estoit entr'ouverte, & ils estoient placez de telle maniere, qu'il voyoit sa Maistresse sans qu'il pust voir celuy qui estoit avec elle ; il jugea seulement qu'elle estoit en conversation galante avec quelqu'un, & quoy qu'il n'oüist pas ce qu'elle disoit, parce qu'il estoit trop éloigné, il le conjectura ainsi par les differens mouvemens de son visage, de ses mains, de ses bras, & de toute sa personne.

Quelquefois paisible & tranquile
Elle se tenoit immobile,
Et sembloit écouter avec attachement :
D'autrefois on eust dit, en la voyant soûrire,
Qu'elle approuvoit obligemment
Les galantes douceurs qu'on venoit de luy dire.

Tantost ses beaux yeux adorables
A tous les cœurs si redoutables,
D'un noble & digne orgueil paroissoient animez :
Tantost ces mesmes yeux quittant leur humeur fiere,
Languissans & demy fermez,
Iettoient negligeament de longs traits de lumiere.

Quelquefois sa bouche incarnate,
D'une maniere delicate,
Exprimoit de son cœur les tendres mouvemens,
Et tâchoit de se rendre encore plus aimable
Par mille petits agréemens
Que formoit tout au tour un sousris agreable.

Tantost son front chaste & severe
Se monstroit émeu de colere,
Comme si son Amant en eust un peu trop dit,
Tantost s'adoucissant elle sembloit se rendre,
Et d'un air assez interdit :
Commander qu'il se teust, & souhaitter l'entendre.

D'une honte discrette, & sage
Le feu luy montoit au visage,
Qu'elle vouloit cacher en y portant la main ;
Mais un petit soûpir vray témoin de sa flâme
S'estant écappé de son sein ,
Découvroit en passant le secret de son ame.

Quoy que toutes ces actions tendres & passionnées ne voulussent rien dire, & que l'aimable Caliste n'entretinst de la sorte Orante, que par pur divertissement, & seulement pour sçavoir de luy si elle s'y prenoit de bonne grace. Le jaloux neantmoins qui creut que c'estoit tout de bon, ne peut se tenir d'éclatter, & tout impatient de voir ce fortuné rival qu'il haïssoit déja sans le connoistre, entre brusquement dans la chambre, le visage en feu, les yeux égarez, & avec la démarche d'un homme furieux & tout hors de soy ; mais il fut bien surpris lors qu'il vit qu'Orante estoit le Galand avec qui sa Maistresse s'entretenoit ainsi. Il n'en fut pas fasché, à dire le vray : Car bien qu'Orante fust tres-aimable, & de tres-bonne mine, on ne s'alarmoit pas de le voir seul avec une Dame : Il avoit assez d'entretien, mais c'estoit tout, & dans l'obscurité mesme où les Amans sont le plus dangereux & le plus entreprenans, on sçavoit qu'il n'estoit pas capable de rien oser ; de sorte qu'il passoit bien souvent les nuits dans la chambre des Dames, sans que neantmoins on en soubçonnast rien à leur desavantage.

Orante sans s'estonner le moins du monde se moqua plaisamment de l'incartade du jaloux : il en fit une description naïve & ridicule, & luy fit voir en mesme temps que cela estoit de fort mauvaise grace, d'entrer ainsi tout effaré dans la chambre d'une Dame qu'il faisoit profession d'aimer, & à qui d'ailleurs il ne pouvoit rendre trop de respect. Le Jaloux en demeura honteux, & Caliste de son costé parut fort interdite. Elle quitta donc la conversation qu'elle avoit avec Orante, pour en commencer une autre avec le nouveau venu, qui tout galand & tout spirituel qu'il estoit, n'eut garde de la cajoller si agreablement que luy. Aussi quittoit-elle volontiers toute autre compagnie pour celle d'Orante, qui asseurement ne l'entretenoit jamais que de choses agreables, si ce n'estoit aux jours qu'elle estoit moins belle qu'à son ordinaire : car alors il ne pouvoit s'empescher de luy dire, ou qu'elle estoit pasle, ou qu'elle avoit les yeux battus, ou du moins qu'elle

METAMORPHOSE D'ORANTE.

n'avoit pas bon visage. Cette façon d'agir n'estoit pas à la verité fort galante, aussi en fut il puny, & tres-severement, puisqu'enfin, il luy en cousta la vie, qui luy fut ostée par cette mesme personne dont il estoit aimé.

Dans le temps que Caliste avoit le plus de passion pour Orante, & qu'elle luy en donnoit mille preuves obligeantes par les assiduitez qu'elle avoit pour luy, elle tomba malade d'une grosse fievre qui l'obligea de se mettre au lit. Les Medecins ayant reconnu sa maladie qui estoit quelque chose de plus qu'une fievre, & qui estoit sans doute la maladie la plus fascheuse que puisse avoir une belle personne, non seulement pour le peril qu'il y a de la vie; mais aussi pour les atteintes cruelles & funestes qu'en reçoit la beauté, firent retirer d'auprés d'elle tout ce qui pouvoit l'incommoder, & commencerent par Orante, avec deffences expresses de le laisser entrer, quelque priere qu'en fist la Malade. Cet ordre ne fut pas difficile à observer dans le commencement, & dans le fort du mal qui ne luy permettoit pas de songer à autre chose qu'à elle-mesme; mais lors qu'elle se vit hors de danger, on eut bien de la peine à resister à l'empressement qu'elle eut de voir son cher Orante, elle le demanda cent fois à ses femmes. Elle les pressa, & par prieres &

par menaces de le faire venir, mais inutilement: On voyoit trop le peril qu'il y avoit de luy donner cette satisfaction; Elle estoit tellement changée qu'elle n'estoit pas reconnoissable, & ceux qui l'abordoient ne pouvoient presque s'empescher de temoigner leur estonnement & l'horreur qu'elle leur faisoit. On se gardoit bien neantmoins de luy rien dire qui la pust fascher, & l'on taschoit de luy persuader que hors qu'elle estoit un peu boufie, & un peu rouge, elle estoit aussi belle que jamais. Cependant elle jugeoit bien qu'on la flattoit, & qu'on craignoit de l'affliger, & enfin qu'il n'y avoit au monde que son fidelle Orante, qui fust assez sincere pour luy dire franchement la verité.

Un jour qu'elle se trouva seule, & que malheureusement aucune de ses femmes n'estoit demeurée auprés d'elle, pressée d'impatience, elle se leve, & n'ayant mis sur elle qu'une juppe, elle passe dans son antichambre, où elle croyoit trouver Orante, & où en effet elle le rencontra appuyé sur la table, où il attendoit toujours qu'on le fist entrer. Transporté d'une extreme joye de le voir, & en mesme temps saisie d'une horrible crainte qu'il ne luy apprist de mauvaises nouvelles, elle s'approche. Mais helas, qu'elle entreveuë! & qu'elle fut cruelle à tous les deux, elle

METAMORPHOSE D'ORANTE.

elle ne fut pas pluftoft devant luy, que par une indifcretion eftrange, il luy dit qu'elle faifoit peur. On ne peut pas exprimer le depit ny la douleur qu'elle en reffentit, ny la precipitation avec laquelle elle fe retira. Neantmoins comme elle ne pouvoit croire une chofe fi eftrange & fi furprenante, & que d'ailleurs elle vouloit voir fi fon infolence iroit jufqu'à redoubler, elle s'avance toute tremblante & toute enflammée de colere: Luy fans s'émouvoir repete diftinctement ce qu'il venoit de dire, & adjoufte feulement qu'elle avoit tort de s'emouvoir ainfi, & que cette grande alteration qui parroiffoit fur fon vifage, ne fervoit qu'à la rendre encore plus laide & plus épouventable. Ha! s'en eft trop, s'écria l'infortunée Califte, tu t'en repentiras, & voicy la derniere fois qu'il t'arrivera d'en ufer ainfi. En prononçant ces mots, elle prit un poinçon qui eftoit fur la table, & en frappa de toute fa force le malheureux Orante. Quoy que l'arme dont elle fe fervit ne foit pas de foy fort dangereufe, & qu'elle fuft conduite par la main d'une femme, elle fit neantmoins une telle bleffure que le coup fe trouva mortel, le pauvre Orante ne ceffa pas neantmoins de luy dire fes veritez tant qu'elle fut devant luy. Il eft vray qu'il ne s'expliquoit pas fi nettement.

F

qu'à l'ordinaire, & qu'il estoit un peu confus pour vouloir s'exprimer en trop de manieres; mais il ne se rendit point tant qu'il put se faire entendre. L'Amour qui suit par tout la Beauté, & qui ne peut vivre un moment sans elle, avoit quitté Calliste depuis quelques jours. Mais parce qu'il ne pouvoit pas oublier entierement une personne, dont il avoit tiré de si grands avantages, & qui l'avoit rendu Maistre de tant de cœurs, il venoit la voir de temps en temps pour apprendre de ses nouvelles.

Ce petit Dieu qui aimoit Orante, & qui sans doute luy eust sauvé la vie s'il eust esté present à cette avanture, n'arriva mal-heureusement qu'aprés que le coup fut donné, & lors qu'il n'estoit plus temps de le secourir. Déja sa belle ame s'estoit envolée, & lors qu'il approcha de luy, il ne trouva plus que son corps, sans couleur, sans mouvement, & froid comme glace. A la veuë d'un si triste spectacle, l'Amour fut touché de douleur, & soupira de la perte qu'il venoit de faire. Il se souvenoit que c'estoit de luy que mille personnes avoient appris l'art de se faire aimer. Que souvent une femme mediocrement belle qu'il avoit aidée à s'ajuster, avoit blessé des cœurs que sans son secours, elle n'auroit pas seulement touchez; Et enfin qu'il perdoit en luy un de ſes plus importans miniſtres, qui avoit travaillé le plus utilement pour la gloire & pour l'agrandiſſement de ſon Empire, & qui ſans doute s'entendoit le mieux à bien ranger des attraits, & à mettre des charmes & des appas en eſtat de vaincre, & de conquerir. Il eut à la verité quelque joye de la juſte punition d'Orante qui avoit outragé ſi cruellement une femme dont il eſtoit aimé, & qui avoit contrevenu avec tant d'inſolence à la premiere & la plus inviolable de toutes ſes loix, qui eſt de ne jamais parler mal des femmes, & ſur tout en leur preſence. Neantmoins il euſt bien ſouhaitté pouvoir luy redonner la vie; mais on ne ſçait que trop que c'eſt une choſe au de là de ſes forces. Tout ce qu'il put obtenir des deſtinées, fut que le corps d'Orante ſeroit incorruptible, & qu'il auroit les meſmes qualitez que ſon ame avoit poſſedées. A peine l'Amour l'eut-il ainſi ordonné, que le corps d'Orante perdant inſenſiblement la figure d'homme, devint poly, clair & brillant, capable de recevoir toutes ſortes d'images, & de les exprimer naïvement, ſi bien que dans le meſme temps on luy vit repreſenter tous les objets qui ſe trouverent devant luy. L'Amour qu'il depeignit avec ſon arc & ſon carquois, & tel qu'il eſtoit alors en parut tout ſurpris.

Il s'approche avec admiration, il se regarde de tous costez, & remarque avec bien de la joye que depuis qu'il est au monde, il n'a rien veu de si beau ny de si charmant que luy.

Comblé de plaisir & de gloire,
Il contemple son front d'yvoire,
Ses yeux étincelans & doux,
Ses yeux qui font trembler le plus ferme courage,
Et de qui le muet langage
Est le plus eloquent de tous.

Il voit de sa bouche divine,
Les ris & la grace enfantine,
Dont luy-mesme il se trouve épris.
Il voit de ses cheveux les tresses vagabondes,
Qui mollement tombent par ondes,
Sur son teint de rose & de lys.

Il voit de ses plumes changeantes
Les couleurs vives & brillantes;
Il en admire les apas;
Et semble s'étonner en les voyant si belles.

METAMORPHOSE D'ORANTE.

Pourquoy l'on se plaint de ses aisles,
Iusqu'à vouloir qu'il n'en eust pas.

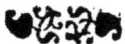

Il voit sa trousse où sont serrées
Ces petites fleches dorées
Qui par tout le rendent vainqueur ;
Dont les coups font languir d'un aymable martyre,
Et dont quelque part qui les tire,
Il sçait toujours fraper au cœur.

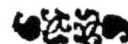

Le Dieu volage de Cithere,
Qui se mire & se considere,
Est amoureux de son tableau ;
Et son cœur enflammé sent un plaisir extréme,
Qui le rend la moitié plus beau
En voyant un autre luy mesme.

Ainsi lorsque deux belles ames
Bruslent de mutuelles flâmes,
L'amour en a plus d'agreement.
Il respand dans les cœurs une joye incroyable,
Et jamais il n'est plus charmant
Que quand il trouve son semblable.

La satisfaction que receut l'Amour en se mirant fut si grande qu'elle dissipa entierement le chagrin que luy avoit donné la mort d'Orante, sur tout quand il le vit metamorphosé de la sorte : Parce qu'il jugea bien qu'il pourroit à l'avenir luy estre aussi utile que jamais, & luy rendre en cet estat les mesmes services qu'il en avoit receus durant sa vie.

Ainsi finit l'histoire que ce galant homme nous conta. Elle plut fort à la compagnie, & luy fournit un ample sujet de conversation. Chacun fit sa reflexion sur l'aventure du malheureux Orante, & tous demeurerent d'accord qu'il avoit esté veritablement un grand faiseur de portraits ; mais qu'il n'estoit pas arrivé neanmoins à la derniere perfection de son art, qui ne demande pas seulement une imagination vive & prompte comme la sienne, pour dépeindre indifferemment toutes choses, mais qui desire encore un jugement solide, qu'il n'avoit pas pour sçavoir faire le choix de ces mesmes choses, & pour bien connoistre la belle maniere dont il les faut representer : parce, dirent ils, qu'en faisant un portrait, ou quelqu'autre description, il s'offre mille petites veritez, ou inutiles ou desagreables que l'on doit supprimer ; qu'il s'en presente d'autres qu'il ne faut toucher que legerement, & enfin que comme il n'est rien qui ne puisse estre

METAMORPHOSE D'ORANTE.

regardé de plusieurs biais, l'addresse principale de celuy qui travaille, est de les tourner toujours du plus beau costé. Cette maxime fut appuyée par l'exemple de plusieurs belles descriptions, & sur tout de celles qui sont dans Clelie, & dans Celinte, qui furent admirées de toute la compagnie, & desquelles il fut dit d'une commune voix, que si jusques à ce jour elles ont eu peu de semblables, elles seront à l'avenir le modele de toutes les autres.

LA CHAMBRE
DE JUSTICE DE L'AMOUR.

Iris orgueilleuse & cruelle
Je vais vous dire une nouvelle
Qui pourra bien vous affliger,
Mais qui n'est pas à negliger;
C'est que ce Dieu de qui l'Empire,
S'estend sur tout ce qui souspire,
Voulant corriger les abus
Que ceux qui levent ses tributs
Commettent en leur exercice,
Fait une Chambre de Justice.

J'aurois continué ma Lettre en Vers, si je n'apprehendois d'estre trop long à l'achever, & si je ne sçavois cependant qu'il vous est de la derniere consequence d'apprendre promptement les particularitez de cette nouvelle, afin de mettre ordre à vos affaires.

Le courier de qui je l'ay sçeuë ne faisoit que d'arriver du pays des Metamorphoses, où il dit que la chose s'est passée ainsi que je vous le vais dire.

Venus

Venus s'entretenant un jour avec son fils des affaires plus importantes de son Estat, & le voyant en disposition d'escouter les remontrances qu'elle meditoit depuis long-temps, luy parla de cette maniere. Vous estes mon Fils le plus puissant des Dieux, tout le monde obeit à vos loix, & il n'est point de peuples si barbares qui ne vous reconnoissent pour leur Souverain. Mais tant que vos sujets seront aussi miserables qu'ils le sont, vous ne pouvez pas tirer beaucoup de gloire de la vaste étenduë de vostre Empire. Croyez-moy la grandeur d'un Monarque ne se mesure pas toujours à celle de son Royaume, & l'on regarde bien moins au nombre des sujets qui luy obeïssent, qu'à la felicité qu'il leur a procurée. Cependant on ne voit que des malheureux dans vos Estats; que des gens qui se plaignent sans cesse, qui gemissent, qui soupirent, & qui souhaittent la mort à tous momens pour estre delivrez de leurs peines. Dans le dernier voyage que j'ay fait à Amathonte, & aux autres terres de mon apanage, j'ay veu tant de miseres parmy le pauvre peuple, qu'il n'y a point de cœur qui n'en fust attendry. Je sçay tout cela, luy répondit l'Amour, & la liberté que je donne à tous mes sujets de m'addresser leur plainte, m'instruit assez de l'estat où ils sont. Je sçay de plus quelle est

G

la cause de leurs maux, & j'espere y remedier dans peu de temps. Mon Empire est sans doute le plus riche, & le plus agreable qu'il y ait au monde, on peut dire que c'est le pays des Jeux, des Ris, & des Plaisirs; & si tous les biens qu'il renferme estoient bien dispensez, le moindre de mes sujets pourroit disputer de sa felicité avec les Dieux: Tout le mal & tout le desordre ne vient que de l'injustice & de la mauvaise foy des personnes qui reçoivent mes droits & mes revenus. Vous sçavez que si je mets des impositions sur mes peuples, & si j'oblige tous les hommes, dés le moment qu'ils commencent d'entrer en l'âge de raison, de me payer quelque tribut, c'est plus pour leur propre utilité que pour la mienne; Que mon intention est que ces aimables & charmantes personnes qui en font la recepte en mon nom, les distribuent à ceux que j'assigne sur elles, & qui par leurs services assidus, & leur exacte fidelité ont merité quelque recompense. En un mot que ce qu'elles reçoivent d'une main, elles le donnent de l'autre: cependant elles en usent le plus injustement du monde. Elles sont à la verité fort diligentes à recueillir ce qui leur est deu, mais de tres-difficile convention à ceux qui ont quelque chose à leur demander. Il leur semble que tous ces droits ne leur sont payez que pour contenter leur vanité dereglée, & qu'elles ne sont point tenuës d'en rendre compte. J'en sçay qui ont receu pour une année plus d'un million de soupirs, de protestations, & de vœux qui n'ont pas encore satisfait à la moindre assignation, & à qui l'on arracheroit plustost l'ame du corps que d'en tirer un soupir. Elles ont une dureté effroyable, reprit Venus, & c'est une chose honteuse que des gens couchez sur vostre Estat depuis plusieurs années, aprés mille services rendus, & autant de solicitations inutiles, soient aussi avancez que le premier jour & n'ayent encore rien touché. J'y mettray ordre, luy répondit l'Amour, & pour cet effet je veux establir une Chambre ardente qui connoisse des abus & des malversations qu'elles ont commises dans la recepte & despence de mes revenus. Et afin de mieux connoistre ce qu'elles ont volé, je les obligeray d'abord de rapporter un estat des biens qu'elles avoient avant qu'elles se meslassent de mes affaires Quelques-unes à la verité feront voir qu'elles ont eu en partage de la Nature deux beaux yeux, un beau teint, une belle bouche, une taille avantageuse, & quelqu'autres talents semblables. Mais ces biens-là tous seuls sont-ils considerables? Et que leur auroient ils rapporté, s'ils n'y avoient

G ij

ajoûté mes charmes, mes attraits, & mes agréemens? Ils en auroient tout au plus retiré quelques loüanges froides & languissantes, telles qu'on en donne aux belles peintures, & aux belles statuës. Mais quand on examinera ce nombre infiny de soupirs enflammez, de fleurettes galantes, d'empressemens respectueux, de protestations tendres & passionnées, il faudra qu'elles demeurent d'accord que c'est en mon nom qu'elles en ont profité & qu'elles ne sont riches que de mes biens. Je veux ensuitte pour mieux éclaircir la verité qu'il soit permis à toutes sortes de personnes de les dénoncer, & principalement touchant le commerce de billets, où je sçay qu'elles ont fait des gains incroyables; parce que bien loin d'en payer la valeur, elles les avoient presque pour rien, & encore sembloit-il qu'elles fissent beaucoup de grace à ceux de qui elles les recevoient.

Voila, belle Iris, ce que j'ay peu apprendre du Courrier qui avoit haste, & qui m'a dit que dans peu de jours il paroistroit une declaration qui nous instruiroit plus amplement de toutes choses.

Je vous avoüeray franchement que cette nouvelle m'a donné d'abord de la joye, & que je n'ay pû apprendre sans quelque plaisir, qu'on alloit ranger dans le devoir des gens qui n'avoient point de bornes ny dans leur vanité ny dans leur injustice. Sans mentir les personnes de vostre sorte s'en faisoient trop accroire, & leurs grands biens leur donnoient un orgueil & une fierté insupportable. Si elles paroissoient au Cours, ou dans les assemblées, c'estoit toujours avec un tel éclat & une telle pompe, que les autres personnes de quelque qualité qu'elles fussent, n'osoient presque se presenter auprés d'elles, & n'auroient fait que de vains efforts pour les imiter.

Les Ieux, les Ris, les Charmes, les Appas,
Marchant en foule sur leurs pas,
D'un air imperieux leur faisoient faire place
Au travers de la populace;
Mesme l'homme le plus puissant,
Pour les saluër s'empressant,
Humble & soûmis tenoit à grande grace
D'en recevoir un regard en passant.

Ce sera justice de les humilier un peu, de les faire souvenir de ce qu'elles sont, & de leur apprendre une fois que l'on ne vole pas l'Amour impunement. Ce n'est pas pourtant, belle Iris, que je n'en aye ressenty quelque douleur en vostre consideration, & que je ne

LA CHAMBRE DE JUSTICE

souhaitasse bien vous servir en cette rencontre. Depuis que jay sçeu la nouvelle, je n'ay songé à autre chose qu'à trouver quelque expedient pour vous tirer d'affaire, mais je m'y voy bien empesché ; Les deux moyens qui se presentent d'abord, qui sont de s'enfuir ou de se cacher, me semblent egallement mauvais ; Le premier parce qu'il est défendu de desemparer sous peine de conviction. Le second parceque je ne le tiens pas possible, & en effet.

Iris où vous cacheriez-vous,
Ces yeux si brillans & si doux,
Cet air à nul autre semblable,
Cette bouche si remarquable,
Par les aimables agrémens
Qu'elle se fait à tous momens,
Et qui n'eut jamais sa pareille,
Pour estre petite & vermeille.
Ces fines perles d'Orient,
Que vous decouvrez en riant.
Ces mains, ces belles laronnesses,
Qui par mille tours de souplesses,
Qu'on ne pratique point ailleurs,
Ont volé mille & mille cœurs ;

Si tost qu'on les verroit paroistre,
Vous feroient par tout reconnoistre.

Outre cela vous n'ignorez pas, belle Iris, que vostre portrait a couru en tant de lieux, & qu'on le voit en tant de cabinets, que vous seriez reconnuë entre cent autres par ceux-mesmes qui ne vous ont jamais veuë; Ainsi je croy que le mieux que vous puissiez faire, est d'attendre paisiblement ce qui arrivera. Quelques-uns croyent que toute cette affaire se resoudra en taxes, & que vous en serez quittes pour quelques paroles obligeantes, quelques douceurs & quelques petites amitiez; les autres asseurent que la chose ira plus loin, & que l'on s'en prendra non seulement aux biens, mais aux personnes mesmes. Quoy qu'il en soit, je crains extremement pour vous; Car s'il faut que l'on ajouste foy aux denonciateurs qui ne manqueront pas d'estre en grand nombre, de quels crimes ne vous trouvera-t'on point coupable. On verra que vous avez fait des exactions horribles dans tous les lieux où vous avez esté; que vous y avez tiré jusqu'au dernier soupir, & que peut-estre plusieurs ont peri de misere & de langueur dans les prisons, où par une inhumanité effroyable, vous les teniez arrestez depuis plusieurs années.

G iiij

Par tout où vos yeux ont passé,
Ils ont fait un degast qu'on ne sçauroit comprendre;
Ils ont brusté, saccagé, fracassé,
Et de tout ce qu'ils ont pû prendre,
Les francs voleurs n'ont rien laissé.

Il est vray que de tant de gens qui peuvent déposer contre vous, il n'y en a point que vous deviez plus craindre que moy; non seulement parce qu'il n'y en a point qui sçache plus de vos nouvelles, mais aussi parce que j'ay peut-estre moy seul plus souffert de vostre cruauté que tous les autres, & que si je veux garder le silence quelque chose qu'on dise contre vous, on ne sçaura pas la moitié des maux que vous avez faits. Mais en verité j'auray bien de la peine à me priver du plaisir que j'aurois de declarer à toute la terre vos injustices & le nombre infini de vos larcins, veu principalement qu'on en promet le tiers au denonciateur. Voyez combien de paroles tendres, de protestations & de vœux vous seriez obligée de me fournir, & combien je serois heureux si je recevois de vous tant de biens : Neanmoins je vous promets de ne vous point deferer si vous voulez entendre à quelque composition honneste & vous accommoder avec moy. Je ne veux point me trop prévaloir de la conjoncture fascheuse où vous estes, & pour vous témoigner combien je suis raisonnable, je me contenteray si vous me payez entierement de mes services passez, & si vous promettez de me tenir compte à l'avenir de tous ceux que je vous rendray.

Quittez donc, belle Iris, cette rigueur extréme,
 Qui rend l'Amour irrité contre vous;
 Aimez autant que l'on vous aime,
 Par un moyen si facile & si doux,
 Vous faisant justice vous-mesme,
 Vous desarmerez son courroux.

DISCOURS
SUR L'ACQUISITION
de Donkerque par le Roy, en l'année 1663.

SI l'on a dit autrefois de Carthage, qu'elle sembloit n'avoir esté bastie que pour la gloire des Romains ; On peut dire que Donkerque a un destin semblable à l'égard de la France, & qu'elle nous a fourny une moisson toujours renaissante de victoires, & de triomphes. Mais si ces deux villes fameuses ont ce rapport ensemble, qu'elles ont toutes deux exercé long-temps la valeur des plus grands Heros, & donné lieu à des exploits qui vivront eternellement aussi bien que leurs noms, il y a cette difference entre elles que celle-là fut ruinée par ses vainqueurs, & que celle-cy est comblée de bienfaits par le Prince qui l'a conquise; que celle-là fut changée à une affreuse solitude, & que celle-cy va devenir une des plus florissantes villes du monde.

C'est l'avantage qu'il y a de tomber entre les mains d'un Prince qui fait toute sa gloire de la felicité de ses sujets ; qui n'employe jamais ny le fer ny le feu que pour le salut mesme de ceux qui le forcent de s'en servir ; qui dans le plus fort de la guerre, n'a eu des pensées que pour la paix, & enfin qui n'aime à prendre des villes, que pour satisfaire à la belle ambition qu'il a de les rendre heureuses.

Aussi quand il partit pour conquerir une seconde fois Donkerque, qui nous avoit esté enlevée durant nos troubles domestiques, & dans un temps où la France estoit toute occupée à se défendre contre elle-mesme, il est constant que le noble desir de la gloire qui flatte si puissamment le cœur d'un Prince jeune & vaillant, ne fut pas la plus forte passion qui le porta à cette entreprise. La paix qu'il vit au bout de la carriere, & qui devoit estre le fruit de la Victoire, fut le puissant motif qui l'attira. Ce fut pour parvenir jusqu'à elle qu'il donna la bataille, qu'il terrassa ses ennemis, & se rendit maistre de la place.

Ce grand & genereux dessein de donner à ses peuples un bien qu'ils souhaittoient depuis tant d'années, ne luy permit pas de negliger aucune chose qui en pust avancer l'execution. Quelques forces qu'il eust, & quelque redoutable que soit une armée lors qu'elle est animée de sa presence, il crut qu'il estoit important d'avoir de son costé les Anglois, qui pour lors s'estoient rendus en quelque sorte les Maistres de la mer. Ce coup qui fut sans doute un chef-d'œuvre de sa politique, ne servit pas seulement à conquerir Donkerque & les autres places de la frontiere, mais empescha peut-estre la perte de celles qui nous restoient ; détourna l'orage dont la Guienne estoit menacée, par le secours qu'on eust donné à la rebellion ; tourna contre nos ennemis les armes qu'ils marchandoient pour nous perdre ; rompit tous leurs projets, & nous garantit d'un deluge de maux, qui estoit presqu'inévitable, s'ils nous eussent prevenus dans cette alliance.

Il est vray que pour satisfaire au traité, le Prince remit la place en des mains étrangeres, & qu'ayant pris pour sa part l'honneur de la Victoire, il laissa tout le profit à ses alliez. Mais comme son but principal n'estoit que d'affoiblir les Espagnols & de leur oster une ville dont la possession les rendoit trop fiers, & les empeschoit d'entendre à des propositions raisonnables, il estoit assez doux de payer tous ces avantages du bien mesme de ses ennemis.

Mais qui peut asseurer que nostre Monarque à qui le Ciel a donné tant de lumieres ne previt pas dés ce temps-là, ce qui vient d'arriver ? Il connut sans doute que ce n'estoit pas une alienation qu'il faisoit, mais un simple dépost qu'il pourroit retirer aprés l'accomplissement de son grand dessein. Que c'estoit un ceintre qui devoit servir à la construction du Temple de la Paix, mais qui se pourroit facilement oster, après l'heureux achevement de l'edifice, & qui seroit admiré de tous les maistres, bien qu'il deust d'abord blesser les yeux de ceux qui ignorent ce bel art de bastir, & qui ne pouvant pas demesler ce qui doit demeurer toujours, d'avec ce qui n'est élevé que pour un temps, blasment souvent l'Architecte en l'endroit mesme où il a le plus monstré sa suffisance.

Il faut avoüer neanmoins qu'il vit avec bien du regret passer sous une domination étrangere un peuple qui auroit fait tout son bon-heur de vivre sous son obeïssance, & sur tout qu'il ressentit une douleur tres-vive, & digne d'un Roy tres-Chrestien, lors qu'il pensa que les Catholiques auroient à obeïr à des Maistres qui ne l'estoient pas. Certes quelques asseurances qu'il eust qu'il ne leur seroit fait aucune violence en l'exercice de leur Religion, il eut bien besoin de se representer que ce depost si necessaire en cette conjoncture, estoit un acheminement à la Paix generale, que ce sujet d'inquietude qui regardoit un petit nombre de Catholiques donneroit le repos à toute la Chrestienté, & qu'il est enfin de la nature de tous les grands evenemens d'estre meslez de quelque desavantage pour les particuliers, mais qui est abondamment recompensé par l'utilité publique.

Dieu qui connoist le cœur des Rois, & qui voyoit les droites intentions de sa Majesté, a bien monstré qu'il les approuvoit par les heureux succez qu'il leur a donnez. Il ne s'est pas contenté de nous accorder cette paix, si long-temps attenduë & si long-temps refusée à nos vœux : mais voulant finir la sainte inquietude qui restoit dans son ame & qui le solicitoit sans cesse de retirer le gage qu'il avoit donné, il luy en a fait naistre les moyens les plus glorieux qu'il pouvoit souhaitter, & l'a fait dans un temps où il ne sembloit pas que les causes secondes fussent encore disposées pour l'accomplissement de ce chef-d'œuvre.

Si l'on considere en effet que les Anglois qui viennent de quitter cette ville, sont ces mesmes peuples qu'on a esté plus de cent ans à faire repasser la mer, & qui se sont maintenus avec tant d'opiniastreté dans ce Royaume, qu'ils eussent abandonné le leur plus volontiers que la derniere place qui leur restoit en celuy-cy. Si l'on considere, dis-je, que ces mesmes Anglois viennent de rendre une ville dont ils estoient paisibles possesseurs, & qui leur donnoit un passage chez nous, on verra bien que ce n'est pas là un pur ouvrage de la main des hommes ; que le doigt de Dieu y a touché, & que c'est luy qui a mis dans leur cœur ces dispositions favorables où nos negociateurs les ont trouvez.

L'extréme contentement que le Roy en a témoigné & sur tout la diligence incroyable dont il a pressé cette affaire, montre bien qu'elle luy tenoit au cœur, & qu'elle avoit toujours esté un de ses plus ardens souhaits: mais ce qui doit causer une joye publique, c'est de remarquer dans cette noble impatience, qu'il veille continuellement au bien de ses sujets, & que le desir de les rendre heureux fait sa plus grande inquietude.

Qui n'eust pensé qu'un jeune Prince aprés avoir donné tant de marques de sa valeur durant la guerre, & tant de preuves de l'amour qu'il a pour ses peuples, en leur donnant la paix, ne voulust enfin gouster les charmes du repos, & joüir plainement du fruit de ses victoires? Ne pouvoit-il pas sans peril se delasser de ses travaux à l'ombre des palmes & des mirthes, & laisser aller quelque temps les affaires à la puissante impression qu'elles ont receuë de sa main? Mais il ne connoist que trop que si la valeur & la force sont des vertus qui font les Heros, la vigilance est celle qui fait les bons Princes & qui en est le veritable caractere. Il sçait que si les peuples peuvent se reposer quelquefois, ceux qui les conduisent doivent veiller toujours ; Qu'ils font les pilotes de leur Eftat dont ils ne quittent jamais le timon ; Et qui pendant que les matelots dorment, fe confeillent avec les aftres.

Ceux qui ont dit que les bons Princes eftoient l'ame de leurs Eftats, ont voulu faire entendre deux chofes bien confiderables ; l'une qu'ils doivent avoir en eux-mefmes le principe de leur mouvement, & communiquer en fuite la vie & l'action aux membres du corps politique, & l'autre qu'il faut non feulement qu'ils fe donnent tous entiers au foin general de leurs Royaumes, mais que par une vigilance heroïque ils s'appliquent immediatement eux-mefmes aux chofes les plus particulieres ; & qu'ils foient, s'il fe peut, comme l'ame, tous entiers en chaque partie. S'il y eut jamais un Monarque qui poffedaft cet avantage en un parfait degré, c'eft fans doute celuy que le Ciel a donné à la France. Perfonne n'a jamais regné par foy-mefme plus fouverainement ; la fource de l'autorité eft toute entiere en luy ; il voit, il entend luy-mefme toutes chofes : mais s'il eft veritablement l'ame de fon Royaume par cette vertu agiffante qui fe meut d'elle-mefme & n'eft meuë de perfonne, il l'eft encore plus admirablement par fa vigilance qui le fait s'appliquer à cent affaires differentes tout à la fois, & qui le rend prefent prefque en

mefme

mesme temps en tous les lieux où l'utilité publique l'appelle.

Quoy qu'il se trouve occupé à regler le dedans de son Royaume, & que là il s'employe tantost à reparer les parties foibles que le travail a trop attenüées; tantost à retrancher l'excez des alimens à celles qui sont trop fortes, & qui pechent par trop de repletion, bien qu'un nombre infini d'affaires l'environnent de toutes parts; à peine a-t'il avis de ce qui se passe sur la frontiere, qu'il y est aussi-tost en personne. Les injures du temps & l'inclemence de la saison ne peuvent arrester l'ardeur de son zele. Il s'y transporte tout entier, & l'on le voit paroistre dans Donkerque avec le mesme éclat, & la mesme pompe, que s'il faisoit son entrée dans la Capitale de son Royaume.

Il ne faut pas s'imaginer que cette vigilance heroïque consiste dans le seul mouvement impetueux qui vient de la vigueur de l'âge, & de la chaleur du sang. Ce feu subtil qui agite le cœur des jeunes gens, ne les porte avec rapidité qu'à la recherche des plaisirs, leur diligence ne paroist qu'à passer promptement d'un divertissement à un autre, & si cette malheureuse activité n'est pas un vice en elle-mesme, elle est ce qui y meine presque toujours.

Aussi la vigilance veut-elle quelque chose de plus que de la promptitude & de la chaleur ; il luy faut du bon fens & de la prudence, elle ne demande pas moins la maturité des vieillars, pour bien choifir l'objet qu'elle recherche, que la vigueur des jeunes gens, pour le pourfuivre avec ardeur, & c'eft mefme cette maturité de jugement, & cette prudence qui luy donnent la nature & le nom de vertu.

Si nous confiderons ce que le Roy vient de faire, nous trouverrons fans doute que fi la diligence prefque incroyable dont il a ufé, merite noftre admiration, les juftes & pieux motifs qui l'y ont porté, font mille fois encore plus dignes de loüange.

Ce n'eft point le defir de porter plus loin les limites de fon Royaume, puis qu'en fignant la Paix, il a renoncé volontairement à tant d'autres moyens qu'il en avoit par la guerre & par la force ouverte.

Il eft perfuadé que la grandeur d'un Monarque, fe mefure bien moins à celle de fon Eftat, que la félicité de fes peuples ; & c'eft cette felicité qui eft le feul & digne objet de fa vigilance. Il veut que fi Donkerque a eu le regret quelque temps de fe voir foumife à une puiffance eftrangere, elle fe réjoüiffe deformais de vivre fous la fienne. Il veut pour reparer le dommage qu'elle a receu, la combler de tant de graces, & de tant de bienfaits, que fon bonheur soit envié de tous ses voisins : mais ce n'est pas la seule utilité de cette ville qu'il a considerée, il a travaillé pour le bien de toute la France ; puisque d'une Place par où la guerre & tous les malheurs qui la suivent, pouvoient entrer dans ce Royaume, il en a fait un passage par où l'abondance s'y répandra de toutes parts. Au lieu des vaisseaux de guerre chargez de canons, & de soldats qui pouvoient entrer dans son port, on n'y verra surgir que des navires marchands qui étalleront sur son rivage les riches dépoüilles de l'un & de l'autre monde : de sorte que toute la terre sera contrainte de confesser que comme elle n'a point de Prince plus accomply, ny plus digne de commander que Louis quatorziéme, Elle n'a point aussi de peuples plus heureux que ceux qui vivent sous son obeïssance.

LE PARNASSE POUSSÉ A BOUT.

A Monsieur Chapelain.

JE suis au desespoir de n'avoir pû rien faire sur la Conqueste de la Franche-Comté. J'ay medité, j'ay invoqué, mais inutilement, & il n'a pas plû aux Muses de m'aider de la moindre de leurs inspirations. Cela, Monsieur, vous estonne sans doute, vous qui les avez toûjours éprouvées si civiles, & si favorables en toutes rencontres: mais vous serez encore plus étonné quand vous sçaurez les diligences que j'ay faites auprés d'elles.

Aussi-tost que j'eus appris la nouvelle de cette merveilleuse Expedition, je formay le dessein d'en chanter la gloire selon mes forces, & de tenir ma partie dans ce grand concert de loüanges qui retentit par toute l'Europe.

Je me recueillis donc & taschay de former une idée generale de toute l'action, j'y trouvay bien de la difficulté, & je vous avoüe que l'amas de tant de circonstances glorieuses qui l'accompagnent, ne put tenir dans l'étenduë de mon imagination. Je ne perdis pas neanmoins courage, & je crus que j'en viendrois à bout

POUSSÉ A BOUT.

avec le secours des Muses que j'appellay, & conjuray par tout ce qu'il y a de plus sacré sur le Parnasse : mais elles ne vinrent point, & je ne pus faire un seul vers qui me satisfist. Pour m'éclaircir de ce qui pouvoit obliger ces aimables sœurs à m'abandonner ainsi au besoin, elles qui ne viennent que trop souvent me trouver d'elles-mesmes, & quelquefois jusques dans mon lit, où elles m'empeschent de dormir fort mal-à-propos, je montay au Parnasse en intention de me plaindre, & mesme de les quereller ; il seroit inutile de vous dire icy par quel chemin j'arrivay sur cette montagne ; puisque c'est vous-mesme, Monsieur, qui me l'avez montré, ainsi qu'à beaucoup d'autres qui ne le reconnoissent pas comme moy. Je trouvay les Muses fort embarassées, & comme elles ne croyoient pas estre entenduës d'aucun mortel, elles s'entredisoient franchement qu'elles estoient poussées à bout, & que le Roy en leur donnant trop de matiere, les reduisoit dans une impuissance où elles ne s'estoient point encore trouvées depuis qu'il y a des Heros sur la terre : Dans ce moment Calliope m'aperçut, & je m'approchois pour luy parler, lors qu'élevant un peu les yeux, elle vit la Victoire qui s'avançoit à tire d'aisles, & qui venoit comme moy luy demander des vers. Les Muses sont asseurement belles, & je ne me repens pas de

H iij

LE PARNASSE

les servir : mais en verité il y a une grande difference de leur beauté à celle de la Victoire telle qu'elle me parut alors ; il sortoit de ses yeux brillans, de ses aisles d'or & de toute son illustre personne une lumiere si vive, & si douce que tout le Parnasse en fut éclairé & tressaillit de joye. Calliope dans l'impatience de sçavoir au vray les grandes nouvelles dont elle estoit en peine luy parla de cette maniere.

Fille de la Valeur, & mere de la Gloire,

 Vnique amour des Demi-dieux,

Et de tous les travaux le prix delicieux :

 Illustre, & charmante Victoire,

De grace, dites nous, ce que nous devons croire

 Du bruit qui s'épand en tous lieux :

 La diligente Renommée,

 Qui vient de passer dans nos bois,

 Pour LOVIS de zele animée,

 Nous a raconté tant d'exploits,

Tous si fort au dessus de ceux, dont autrefois

Elle a dans l'univers la nouvelle semée,

Que nous deutons un peu, si la Nymphe aux cent voix,

 A mentir trop accoustumée,

Ne nous en donne point pour la premiere fois.

Elle dit qu'en dix jours des plus courts & plus froids,

POUSSÉ A BOUT.

Par un soudain effort de sa valeur guerriere,
 LOVIS a rangé sous ses loix
 Vne Province toute entiere,
 Et que de la mesme maniere.
Que si dans ses Estats il avoit fait un tour,
Ou qu'il n'eust achevé qu'un combat de barriere,
Il retourne sans bruit dans sa paisible Cour.
Sur le marbre eternel du Temple de Memoire,
Où de tous les Heros qu'éclaira le Soleil,
Se lit en lettres d'or & la fable & l'histoire,
 Nous ne voyons rien de pareil.
Mesme nos jeunes Sœurs, dont le stile agreable
 S'occupe à faire des Romans,
De peur de violer la loy du vray-semblable,
 N'oseroient avancer de tels evenemens.
Ie sçay bien que LOVIS par ses faits admirables,
A rendu desormais toutes choses croyables ;
Mais d'un fait si nouveau, si grand, si glorieux,
Qui remplit de merveille & la terre & les Cieux,
 Ie vous dis, aimable Victoire,
Que c'est vous seulement que nous en voulons croire.

 La Renommée, mes cheres sœurs, répondit la Victoire, vous a dit la verité, & si vous avez quelque chose à luy reprocher, c'est que n'ayant pas esté presente à toutes les belles actions qui se sont faites à cause de son employ qui l'oblige d'en porter la nouvelle de tous costez, elle aura oublié sans doute à vous informer de plusieurs circonstances memorables qu'il est important que vous sçachiez, pour les apprendre à la posterité; c'est pour cela que je viens moy-mesme vous en faire le recit, moy qui ne m'éloigne jamais de Louis tant qu'il est sous les armes, écoutez-moy donc s'il vous plaist, & preparez-vous à faire des vers dignes de ce que vous allez entendre.

A l'ombre des Lauriers que durant la Campagne,
 LOUIS le plus grand des Heros,
A cueillis de sa main dans les champs de l'Espagne,
Je goustois les douceurs d'un glorieux repos.
Là, croyant que des mois l'inégale courriere,
Par trois fois dans les cieux fourniroit sa carriere,
Avant qu'il se remist au dur mestier de Mars,
J'attendois le retour de la saison premiere,
Pour suivre avec ardeur ses fameux estendars.

Je ne sçay, poursuivit la Victoire en sousriant, si c'est l'air du Parnasse qui me fait rimer, mais ces vers me sont échappez sans peine,
&

POUSSÉ A BOUT. 97

& je prevoy mesme que quelque temerité qu'il y ait d'en user ainsi en presence des Muses, il m'arrivera plus d'une fois d'en faire pour peu que la rime se presente.

Je goustois, dis-je, le repos & attendois à faire mon devoir que le temps en fust venu; lorsque je vis nostre Heros qui endossoit le harnois : la saison me fit croire que c'estoit une mascarade ou un carrousel qu'il vouloit faire, & que j'en serois quitte au plus pour un prix de course de bague que j'aurois à luy preparer.

Mais le son vigoureux des tambours bruissans,
Joint aux tons enroüez des trompettes aiguës,
   Qui des ames moins resoluës,
Ont fait plus d'une fois des lions rugissans;
   L'ardeur des chevaux hennissans,
   L'odeur de la mesche allumée,
Des soldats réjoüis la valeur enflammée,
   Le lourd attirail du canon,
Et le tumulte affreux d'une puissante armée,
   Qui pour acquerir du renom,
   Marche de courage animée,
Me fit connoistre assez que c'estoit tout de bon.

Je pris aussi-tost mon vol vers l'endroit où je jugeay que devoit estre le rendez-vous, m'ima-

I

ginant bien que je n'y serois pas long-temps sans employ. Je n'eus jamais tant de joye que de voir les troupes dans le bon ordre où elles estoient rangées. J'en fus surprise, quoy que celles où je prens party, soient ordinairement bien disciplinées. J'y remarquay un respect, & une obeïssance pour les Chefs qui n'est pas concevable; un amour pour le mestier & pour la gloire qui me charma; & sur tout un desir ardent de combattre, joint à une esperance de vaincre aussi ferme que si je les eusse déja couronnez. Aprés quelques jours de marche on découvrit les murs de Bezançon, & les troupes s'en estant approchées à une distance raisonnable, s'arresterent pour commencer les travaux du siege. La Terreur qui avoit toujours marché à la teste de l'armée ne s'arresta pas; mais passa outre, & entra dans la ville, où se saisissant du cœur de tous les habitans, elle ne contribua pas moins à la prise de la place par les alarmes qu'elle donnoit au dedans, que la Valeur mesme par les assauts qu'elle livroit au dehors. De là elle courut dans toutes les villes de la Province, & y fit elle seule plus de progrez que cent mille hommes n'auroient sceu faire. Je ne l'ay jamais veuë s'acquitter si bien de son devoir; C'est tout vous dire, qu'elle alloit aussi viste que la Renommée & que rien presque ne luy resistoit.

Besançon s'estant rendu, on tira vers Salins qui ne fit gueres davantage de resistance. De a-

POUSSÉ A BOUT.

lins on alla à Dole, où il se trouva un vaillant & intrepide Gouverneur digne de servir le Maistre qu'il refusoit d'avoir. Les troupes investirent aussi-tost la place & commencerent les travaux. Dans ce mesme temps il me sembla que les forces de l'armée s'accrurent tout à coup de la moitié, & que chaque soldat avoit le double du courage qu'auparavant. Les cris de joye que j'entendis de tous costez me firent connoistre que ce changement prodigieux estoit un effet de la presence de LOUIS qui arrivoit avec toutes les vertus d'un Monarque, d'un Conquerant, & d'un Heros.

Quand toute la fleur de la Grece
Autrefois d'Aulide partit,
Pour Ilion qu'elle abbatit,
On remarqua moins d'allegresse.
L'Euphrate vit moins de valeur,
Moins de cette noble chaleur
Qui brave les dangers & fait tout entreprendre
Lorsque ses bords furent couverts
Des fameux combattans que menoit Alexandre,
Et qui sous ses drapeaux conquirent l'Univers.

Ce fut devant cette place que je vis l'abregé de toutes les vertus militaires, en la personne de ce Prince inimitable, soit à supporter les fatigues du cheval, & des veilles, aprés une marche la plus penible qui se soit jamais faite; soit à donner jusqu'aux moindres ordres dans toute l'armée, avec une prudence & une activité inconcevables; soit à se trouver aux occasions, quoy que perilleuses, où il jugeoit que sa presence seroit utile. Je vous avoüe qu'il me fit trembler plus de quatre fois, sur tout lors qu'estant à découvert aux pieds des murs pour voir, & animer ses troupes à l'assaut, je le vis exposé entierement à l'artillerie des assiegez. Il est vray que dans le mesme temps je vis une action qui me donna bien du plaisir. Une compagnie de ses Mousquetaires sortant d'un fonds où elle estoit en seureté, monta sur une eminence pour attirer sur elle les coups des ennemis, & à l'exemple du brave Chef * qui la conduisoit, courut avec ardeur, & avec joye, où le peril estoit plus grand pour diminuer par cette diversion celuy où elle voyoit son Prince.

Des Abeilles ainsi la milice vaillante,
    Au fort d'un assaut dangereux,
    Pour son Prince trop valeureux,
S'empresse à signaler son ardeur estonnante.
On les voit, luy faisant un rampart de leurs corps,
Malgré des ennemis les funestes efforts,

* M. Colbert de Vandieres.

En attirer les traits sur elles ;
Et pleines d'un courage invincible aux combats,
Par mille blessures mortelles,
Chercher un glorieux trepas.

Cependant, l'attaque se faisoit si vigoureusement & si avantageusement de tous costez, que je ne sçavois presque où aller pour avoir à me trouver par tout. Un drapeau que les ennemis avoient planté par bravoure sur une demy-lune, fut emporté par une autre bravoure plus veritable & plus effective *. Entre tant de vaillans Guerriers qui se faisoient remarquer par leur courage, & par des exploits dont le moindre meriteroit l'occupation de tout le Parnasse; j'en apperceus ** Un que je connois il y a long-temps, & que j'eus neanmoins quelque peine à reconnoistre, non point à cause qu'il estoit dans le plus fort de la meslée, ayant accoustumé de l'y voir : mais parce qu'il me parut encore plus brave, & plus ardent au combat qu'il ne l'avoit jamais esté. Car enfin il me sembla autant élevé au dessus de luy-mesme, que jusqu'icy il l'a esté au dessus des autres. Je connus que l'œil du Maistre produisoit cet effet merveilleux, & augmentoit dans son ame le beau feu dont il estoit animé.

* M. le Marquis de Villeroy.   ** Monsieur le Prince.

Ainsi quand l'Aigle carnaciere
Va livrer à sa proye un combat furieux :
Si le brillant Astre des Cieux,
De ses puissans rayons luy frappe la paupiere,
La vive ardeur de la lumiere
Redouble de son cœur le courroux glorieux ;
Et l'on voit éclatter son audace guerriere,
Par le feu qui sort de ses yeux.

Les assiegez que la Prudence n'avoit pas abandonnez, demanderent à parlementer, & se rendirent aux conditions que l'on voulut. Il ne restoit plus que Grey à reduire, ce qui n'arresta pas long-temps les armes de nostre Heros. Car cette place s'estant contentée de l'honneur qu'on luy fit de l'investir, de l'assieger, & de dresser la batterie, ouvrit les portes à son Vainqueur, & mit fin à la plus belle, la plus prompte & la plus surprenante de toutes les conquestes. Voila, mes cheres sœurs, le recit que j'avois à vous faire ; c'est à vous maintenant de donner à cette expedition si merveilleuse les loüanges qu'elle merite.

La Victoire ayant finy son discours, les Muses demeurerent long-temps dans le silence, & Calliope la regardant avec étonnement & avec joye luy parla de cette sorte :

POUSSÉ A BOUT.

Qu'heureuses sont vos destinées
De suivre ce Heros dans son rapide cours!
 Pendant qu'il nous faut dix années
Pour dire les Exploits qu'il a faits en dix jours.
La grave Polymnie a creu le devoir prendre,
Pour répondre au sujet & se mieux faire entendre,
 D'un ton encor plus élevé.
 Qu'elle ne fit pour Alexandre,
Quand sur le bord de l'Inde on le vit arrivé:
Mais sa lyre sçavante est tellement tenduë,
 Que déja plus de quatre fois,
 Sous le doux effort de ses doigts,
 La chanterelle s'est rompuë.
Pour toucher dignement & de l'air qu'il le faut,
 Une chanson si peu commune,
 Je doute qu'elle en rencontre une,
 Qui puisse monter assez haut.
 Quand il n'estoit que comparable
 Aux Heros des siecles passez,
 L'entreprise estoit raisonnable,
Et les vers faits pour eux avec soin ramassez,
Pour peu que sous la lime on les eust repassez,
Nous tiroient galemment d'une affaire semblable.

Aujourd'huy ce n'est plus assez ;
De ce Roy sans égal, l'idée inconcevable
Veut des vers bien plus forts, & bien mieux compassez.
 De plus quel moyen de suffire
 A tant de fameux nourrissons
 Qui nous demandent des chansons,
 Et qui tatonnant sur leur lyre,
Sans pouvoir rencontrer d'assez vigoureux sons,
 Pour dire ce qu'ils voudroient dire ;
S'en vont perdre l'esprit si l'on ne les inspire ?
Ceux qui de l'Helicon sçachant tous les sentiers,
 Voudront se donner tout entiers
Aux penibles sueurs de ce travail immense,
Peuvent bien esperer d'avoir nostre assistance,
Et de se voir enfin le front ceint de lauriers,
Non moins beaux que ceux des guerriers,
Dont ils auront chanté l'heroïque vaillance.
 Mais ceux de moindre suffisance,
 Qui font encor d'autres mestiers,
 S'ils avoient la mesme esperance,
 Ils se tromperoient volontiers.
Déesse, cependant, gardez-vous bien de croire
 Que nous voulions nous excuser,

Ny que tout ce discours tende à vous refuser
Ce que l'on doit à vostre gloire;
Nous allons commencer nos merveilleux concerts,
Pour le divin LOUIS, des Heros le modelle,
Et sur les aisles de nos vers,
Porter sa loüange immortelle,
Dans tous les coins de l'Univers.

La Victoire remercia les Muses de la promesse qu'elles luy faisoient, & leur dit en les quittant qu'elle n'osoit pas demeurer plus long-temps en leur compagnie de peur que Louis n'eust besoin d'elle, ayant appris par sa derniere expedition qu'il n'y avoit point de temps ny de saisons où elle ne deust se tenir preste, & sur ses gardes. Si-tost qu'elle les eut quittées, Terpsicore, Polymnie & les autres demanderent à Calliope comment elle l'entendoit de promettre ce qu'elle sçavoit bien ne pouvoir pas tenir, à quoy elle répondit qu'il avoit bien falu se défaire honnestement de la Victoire; & que si ce leur estoit une honte de ne pouvoir rien faire de proportionné à ce qu'elle meritoit, ce leur en seroit encore une bien plus grande de l'avoüer publiquement. Pour moy qui compris fort bien ce que Calliope avoit voulu me faire entendre en parlant de ceux qui font encore d'autres mestiers que celuy de la Poësie, je me le tins pour dit, & croyant qu'il estoit de la prudence de m'épargner un refus en face, je quittay la sainte Montagne & m'en revins dans ce bas monde, comme si de rien n'eust esté. Voila, Monsieur, mon avanture dont j'ay crû devoir vous faire part; afin que vous sçachiez que je n'ay point manqué de zele, & qu'il n'a pas tenu à moy que je n'aye celebré dignement la grande & admirable Conqueste de la Franche-Comté. Je suis,

MONSIEUR,

Vostre, &c.

A MONSIEUR CONRART,

Conseiller, Secretaire du Roy.

MONSIEUR,

De toutes les Epistres du Chancelier de l'Hospital, je suis persuadé que celle-cy est la plus belle, & qu'elle doit estre regardée, comme son Chef-d'œuvre, quelque applaudissement qu'on ait donné aux autres : Cependant, Monsieur, je vous avoüeray que la beauté de l'ouvrage n'a pas esté ce qui m'a engagé principalement à le traduire : mais bien la consideration du sujet, & le plaisir qu'on ressent de voir dans les auteurs des siecles passez, l'image des choses de son temps. Lorsque j'ay jetté les yeux sur le portrait que cet illustre Chancelier fait d'un bon Prince ; j'ay eu tant de joye de remarquer que nous possedions en nos jours, ce qui n'estoit que l'idée & le souhait de ce grand homme, que je n'ay pû m'empescher de mettre en nostre langue ces endroits admirables qui semblent plustost des propheties de ce que nous voyons, que de simples instructions pour un jeune Prince. Vous sçavez, Monsieur, que ce fut par là que je commençay, &

que ces fragmens vous ayant plû, vous me donnastes le courage de pourſuivre: J'apprehendois que le ſtile n'en fuſt un peu trop ſimple, & trop familier; mais depuis que j'eus remarqué qu'il vous agreoit, j'ay eu l'eſprit en repos de ce coſté-là. Vous m'avez, Monſieur, entierement confirmé dans la penſée où j'eſtois que le genre epiſtolaire, & ſur tout cette ſorte de poëſie, qu'on appele diſcours, tels que ſont ceux d'Horace, devoit affecter le ſtile mediocre, ſi loüé des Anciens, ſi facile en apparence, & ſi difficile en effet. Ceux qui aiment paſſionnement les expreſſions emphatiques & les figures ſurprenantes, & à qui le galimatias meſme ne déplaiſt pas, parce qu'il reſſemble au ſtile pompeux & magnifique, auront de la peine à gouſter cette verité, & attribuëront toujours à la foibleſſe le ſoin qu'on aura eu de ſe tenir dans les bornes d'une mediocrité raiſonnable: mais aſſeurement ceux qui s'y connoiſſent mieux, ceux qui ne regardent pas moins au bon ſens de la poëſie, qu'à l'éclat de la diction, & qui ſçavent que les paroles ſont aux penſées, ce que l'or eſt aux pierreries dont les bons ouvriers n'employent que le moins qu'ils peuvent, & qu'autant qu'il en faut preciſément pour le mettre en œuvre; ceux-là dis-je en feront un meilleur jugement, & le voſtre, Monſieur, m'en eſt une aſſeurance indubitable. Je ne pretens pas qu'on me loüe d'avoir atteint à cet-

A MONSIEUR CONRART. 109

te mediocrité si souhaitable & si recherchée; il faut plus de force que je n'en ay pour y arriver, & sur tout pour s'y maintenir: mais je pretens qu'on ne doit pas me blasmer si je me la suis proposée, & si quelquefois j'ay refusé de m'élever pour ne me pas escarter de cette route moyenne que j'ay choisie; Quoy qu'il en soit, Monsieur, c'est à vous d'en répondre & de garantir pour bon l'ouvrage que vous avez approuvé; pour moy je n'ay autre chose à faire qu'à vous l'offrir & à vous supplier de le recevoir comme une marque de la passion avec laquelle je suis,

MONSIEUR,

Vostre, &c.

TRADVCTION
D'VNE EPISTRE
DV CHANCELIER
DE L'HOSPITAL,
Au Cardinal de Lorraine,
Sur le Sacre de François II. & sur la maniere
dont il doit gouverner son Royaume.

D'Vn baume incomparable, & descendu des Cieux
On a sacré le Prince, ainsi que ses Ayeux,
Qu'une telle Onction eslevant son courage,
Luy soit d'un regne heureux le fortuné presage.
Et que sa belle vie, en son paisible cours,
Du sage & vieux Nestor, puisse égaler les jours :
Qu'il fasse, cependant, durant son premier âge,
Du bel art de regner, l'illustre apprentissage
Sous de tels gouverneurs, que pour leurs bons conseils,
Aucun siecle, avant nous, n'en n'ait veu de pareils;
Non pas mesme celuy que Thetis, entre mille,
Choisit heureusement pour enseigner Achille ;
Qu'il apprenne sous eux, des arts le plus prisé,
Mais des arts le plus long & le plus mal-aisé :

DE L'HOSPITAL.

Qu'il mette tous ses soins à regir ses Provinces,
Sans vouloir envahir celles des autres Princes.
Que des Rois ses voisins il se voye honnoré,
Qu'il soit de leurs sujets comme un Dieu reveré,
Qu'il soit choisi par eux arbitre de leurs guerres,
Et de tous les debats qu'ils auront pour leurs terres :
Qu'il aime à preferer le solide au brillant,
Et le beau nom de Iuste à celuy de vaillant;
Qu'il n'ait que de l'horreur pour ces vains noms de gloi- [re
Qu'on acquiert dans le sang d'une affreuse victoire,
Qui coustent tant de morts, & qui ne sont donnez
Que pour de grands pays, par le fer ruinez.
Qu'exempt de toute feinte, & de toute foiblesse,
Mesme à ses ennemis il garde sa promesse,
Et qu'enfin le premier, il ne parle jamais
De terminer la guerre, ou de rompre la paix.

On n'est point du Sauveur un disciple fidele,
Si l'on n'a quelque trait de ce divin modele,
Et celuy qui des Rois doit mieux estre imité,
Est l'amour excessif qu'aux siens il a porté :
Qu'un Roy donc, pour son peuple, ait un zele sincere
Tel que pour ses enfans le ressent un bon Pere;

EPISTRE DU CHANCELIER

Qu'il soit prompt à punir les crimes averez,
Mais qu'il differe un peu, s'ils sont mal asseurez :
Que selon l'équité les affaires jugées,
Par son ordre absolu ne soient jamais changées,
Que les grands criminels justement condamnez,
Subissent la rigueur des tourmens ordonnez,
Et que les saintes Loix une fois establies,
Par sa facilité ne soient point affoiblies.

S'il trouve que l'Eglise ait besoin de Prelats,
Ou qu'il faille nommer de nouveaux Magistrats,
Que long-temps en luy-mesme il voye & considere
Qui remplira le mieux ce digne ministere ;
Sans égard au credit, moins encore à l'argent
Qu'en offre le plus riche ou le plus diligent :
Mais que suivant les loix du vieil & bon usage,
Avant qu'avec aucun sa parole l'engage,
Il propose les noms, & s'informe en tous lieux
De ceux sur qui d'abord il a jetté les yeux :
Et qu'alors il écoute, afin de mieux élire,
Ce que pour ou contre eux chacun viendra luy dire :
Le temps qu'à se resoudre il aura differé,
Luy permettra de faire un choix plus asseuré,

Et

Et de ne pas sentir le regret incroyable
Que produit une erreur qui n'est plus reparable.
Que l'on voit peu de Rois qui ne se soient trompez,
Pour trop aveuglément s'estre préoccupez,
Et qu'il est mal aisé que toujours leur prudence
Discerne heureusement le vray de l'apparence ;
Puisqu'enfin dans le Trosne où le Ciel les a mis,
Parmy tant de flatteurs ils ont si peu d'amis !

  Cependant il est vray qu'au jour épouventable,
Où de tout l'univers le Iuge inexorable,
D'un œil plein de courroux verra sous mesmes loix
Trembler également les peuples & les Rois :
Ceux dont les fronts sacrez sont ceints de diadesmes
N'auront pas seulement à répondre d'eux-mesmes :
Mais des Iuges pervers, mais des mauvais Prelats,
Et de tous ceux enfin, à qui dans leurs Estats
Par d'injustes motifs, ou bien par ignorance,
Ils auront confié la Royale puissance.
Ces Princes mal-heureux, rongez d'un vif ennuy,
Se verront tourmentez pour les crimes d'autruy :
Ou confessons plustost que de leurs propres crimes
Ils souffriront alors les peines legitimes ;

                              K

Puis qu'ils devoient prévoir si ceux qu'ils ont choisis
Pour estre avec honneur aux tribunaux assis,
Ou qu'ils ont appellez aux sacrez ministeres,
Répondroient dignement à leurs saints caracteres.

Or il ne suffit pas pour ces nobles emplois,
De posseder à fonds la doctrine des loix,
Ou de faire éclatter une vaine science :
Il faut de bonnes mœurs & de la conscience ;
Il faut soigneusement rendre justice à tous,
Aux petits comme aux grands estre équitable & doux,
Des revenus sacrez faire un parfait usage,
En aider l'indigent, dont ils sont le partage ;
Et se monstrer pourveu des rares qualitez,
Qui doivent soustenir ces grandes dignitez.
Car à quoy sert l'éclat d'une haute naissance,
Et le faste pompeux d'une vaine eloquence ;
Si l'illustre Prelat n'a point de pieté,
Si le Iuge sçavant est sans integrité ;
Et si tous deux poussez d'une égale avarice,
L'un vend les dons du Ciel & l'autre la Iustice ?
Ny celuy qui pourvoit, ny ceux dont on fait choix,
Ne doivent profiter de ces sacrez emplois.

DE L'HOSPITAL.

Des grands biens qu'il possede & de ceux que luy donne
A prendre sur les siens le droit de la Couronne,
Le Roy se monstrera juste dispensateur :
Et sans en faire part à l'indigne flatteur,
Sçachant qu'il doit à Dieu compte de ses finances,
Il ne les employra qu'en d'utiles despenses.
Il sçaura retrancher par de sages Edits
Le luxe des festins & celuy des habits :
Et voyant les imposts dont les dernieres guerres
Autant que le fer mesme ont desolé ses terres,
Maintenant qu'en tous lieux regne une heureuse paix
Il en moderera l'insupportable faix :
Il fera trébucher ces infames sangsuës
Que des troubles passez le desordre a conceuës,
Qui du peuple malade ont épuisé le flanc,
Mais qui ne doivent plus s'engraisser de son sang.

Assez & trop long-temps cette cruelle engeance,
D'une langueur mortelle a consumé la France ;
Le Prince, de ses biens n'a que la moindre part,
Et par leurs mains à peine en reçoit-il le quart.
De ces voleurs publics, dont le nombre effroyable
Pille de toutes parts le peuple miserable.

EPISTRE DU CHANCELIER

On ne peut reprimer l'infame avidité,
Avec trop de rigueur & de severité :
Mais pour exterminer cette race maudite,
Et que toute faveur leur estant interdite,
On ne déguise point leurs crimes malheureux,
Chacun doit éviter leurs presens dangereux :
Sur tout ceux qu'on commet à juger leur offense,
Et qui pour les punir ont en main la puissance,
Puisqu'il n'est point de cœur si remply de vertu,
Qui frappé de traits d'or n'en demeure abatu :
Et d'ailleurs que ce don n'estant point legitime,
En partageant la proye on partage le crime.
Quand ton discours flatteur excuse auprés du Roy
Celuy dont les presens ont corrompu ta foy,
Et que malgré les loix, ton credit luy fait rendre
La place d'où n'aguere on l'avoit fait descendre ;
Que fait l'injuste employ de ton autorité,
Sinon qu'il vole encor avec impunité ?
Mais quand loin de blasmer son avare licence,
Tu pretens que ses soins meritent recompense,
Et que le grand amas du bien qu'il a ravy,
Montre qu'il a du zele & qu'il a bien servy,
Le dis-tu sans rougir ? Mais quittons ce langage,

Moy-mesme je rougis d'en dire davantage.
Ainsi donc que le Roy fasse tous ses efforts,
Pour en de dignes mains remettre ses tresors :
Qu'à cette fonction peu de gens il appelle :
Mais de ceux dont le cœur soit reconnu fidelle ;
Le nombre en est petit, & les plus vertueux
Ont encore besoin que l'on veille sur eux.

Par d'injustes moyens que l'avarice invente,
Qu'il ne souffre jamais que son tresor s'augmente ;
Que de crimes d'Estat méchamment supposez,
Ses fideles sujets ne soient point accusez,
Et qu'à son favory qui conspire leur perte,
Leur dépoüille trop tost par luy ne soit offerte ;
Puisqu'enfin c'est assez pour perdre un innocent
Que d'estre poursuivy d'un ennemy puissant :
Ses terres, ses maisons sont cause qu'on l'opprime,
Et quelque charge illustre est souvent tout son crime.
Il faut donc que le Prince évitant les flatteurs,
Ne preste pas l'oreille à tous accusateurs,
Que les tenant suspects toujours il se deffie
De ce que luy diront ou la haine ou l'envie.
Quand un Prince cruel oste à des citoyens,

EPISTRE DU CHANCELIER

Par pure violence, ou la vie ou les les biens,
C'est un crime honteux dont il ternit sa gloire :
Mais il la soüille encor d'une tache plus noire,
Lorsque leur suscitant des témoins achetez,
Et des Ingrs atteints de mille laschetez,
Il couvre en les perdant sa profonde malice,
Du voile specieux d'une exacte justice.
Quand celuy qu'on veut perdre & que l'on a trahy,
Des favoris du Prince ou du Prince est hay ;
Le Iuge qui manie à leur gré la balance,
N'a pour le condamner que trop de vigilance.
Ainsi peche celuy qui sans regle & sans choix,
De tous accusateurs veut écouter la voix,
Et qui souffre en sa Cour que leur noire licence
De tous impunément attaque l'innocence ;
Sur tout quand le forfait est un lasche attentat,
Commis contre le Prince ou contre son Estat :
Car l'imposteur alors tenant sa preuve preste,
Rend le crime averé dés la premiere enqueste,
Et l'innocent surpris du coup inopiné,
Est à peine en ses mains qu'il se voit condamné.
Aussi-tost qu'une fois l'imposture & l'envie,
De leur souffle ont noircy la candeur de sa vie,

Il a beau faire voir qu'on l'accusoit à tort,
Pour se justifier il fait un vain effort :
Le Prince trop credule & d'une humeur altiere,
Poursuit jusques au bout sa démarche premiere,
Vse en toute vigueur du pouvoir absolu,
Et veut sa perte enfin, parce qu'il l'a voulu.

En de tels jugemens avant qu'un Roy prononce,
Il doit peser les mœurs de celuy qui denonce,
Examiner de prés quel motif est le sien,
Et lequel est des deux le plus homme de bien :
Car si le malheureux que l'on charge de crime,
D'un fidele sujet a toujours eu l'estime,
Vn Prince bien sensé croira malaisement
Qu'il ait pu devenir perfide en un moment :
S'il paroist toutefois quelque preuve confuse,
Il le faut confronter à celuy qui l'accuse,
Et pour mieux s'éclaircir ne luy pas denier
Ce facile moyen de se justifier ;
Car le traistre imposteur voyant son asseurance,
Ne pourra sans trembler soustenir sa presence,
Et sera combattu d'un remors si pressant,
Qu'il avoüra qu'à tort il charge un innocent.

EPISTRE DU CHANCELIER

On croit qu'au maniment des affaires civiles
Souvent les delateurs sont personnes vtiles,
Que des noirs attentats, des crimes dangereux,
Le Prince heureusement est averty par eux,
Et que sur leur rapport, avec plus d'asseurance,
Des bons & des mechants il fait la difference :
Par eux, je le confesse, on previent de grands maux,
Mais qu'ils soient donc punis s'ils accusent à faux :
Deux fois, Charles, deux fois, ta main sage & puissante
A sceu me retirer de la gueule beante
Du lion rugissant qui conspiroit ma mort,
Mais de qui desormais je ne crains plus l'effort.
Que ne puis-je en mes vers peindre la Calomnie.
Telle que la peignit ce merveilleux genie,
Apelle, qui jadis dans vn docte tableau
Se vengea de ce monstre avecque son pinceau !
Ie dirois sa naissance & comme elle est suivie
De la pasle avarice & de la noire envie,
Et comment sous l'appas d'un langage flatteur
Elle verse en secret son poison dans le cœur ;
Ie dépeindrois prés d'elle un Roy lasche & stupide,
Qu'elle meine en tous lieux & que seule elle guide ;
Le traistre delateur qui ne s'endort jamais,

Garderoit

DE L'HOSPITAL.

Garderoit cependant les portes du Palais,
De crainte qu'un amy luy parlant à l'oreille
Ne troublast le repos dont son ame sommeille,
Et ne vinst éclaircir l'épaisse obscurité
Dont on a méchamment couvert la verité.
C'est ainsi que perit l'innocent miserable,
Sans sçavoir de quel crime on veut qu'il soit coupable,
Sans sçavoir seulement de qui se deffier,
Et sans avoir le temps de se justifier ;
Soit que pour sa paresse ou son insuffisance,
Le Roy ne veuille pas en prendre connoissance,
Soit que le voulant bien il en soit détourné
Par les lasches flatteurs qui l'ont environné,
Et qu'ayant negligé l'occasion offerte
Il ne puisse jamais en reparer la perte.

Mais nostre Prince aux siens donnera libre accez,
Et de sa propre main recevra leurs placets ;
En tout temps, en tous lieux, d'une oreille attentive
Il prendra soin d'oüir leur requeste plaintive ;
Et sans trop differer, d'un cœur plein de bonté
Luy-mesme il leur dira quelle est sa volonté.
D'un fidelle sujet le plaisir est extréme,

I.

Quand il peut s'aprocher de son Prince qu'il aime,
Et dans ce doux moment, rien ne peut égaler
L'heur qu'il a de le voir & de l'oüir parler.
Vn refus n'est point rude & n'a rien qui le touche,
Pourveu que ce refus luy vienne de sa bouche ;
S'il obtient sa demande il trouve que l'honneur
De la tenir du Roy redouble son bonheur :
Mesme si sa requeste est de luy rejettée,
Il se console au moins qu'un Roy l'ait écoutée ;
Ainsi chacun le loüe, ainsi d'auprés de luy
Personne ne s'en va le cœur serré d'ennuy.

On a veu des flatteurs infidelles & traistres,
Qui par de vains discours ont fait croire à leurs maistres
Qu'il estoit de leur gloire & de leur Majesté
De vivre dans le luxe & dans l'oisiveté :
Que c'estoit faire honte à la grandeur supréme,
Et ne pas soustenir l'honneur du diadéme
D'avoir aucun commerce aveque leurs sujets,
Et de jetter les yeux sur de si bas objets.
Que jamais le travail, dont le Ciel les dégage,
Et qui des malheureux est le triste partage,
Ne devoit alterer l'excez de leurs plaisirs,

DE L'HOSPITAL.

Ny faire violence à leurs moindres desirs ;
Comme si cet orgueil & cette nonchalance
Estoient le plus doux fruit de la toute-puissance.
Tels des Assyriens furent les derniers Rois :
Et tels estoient jadis les Monarques François,
Lorsque de leur devoir negligeant de s'instruire,
Aux Maires du Palais ils se laissoient conduire.
Les uns se sont perdus par trop de lascheté,
Les autres peu jaloux de leur autorité,
Pour l'avoir confiée en des mains infidelles,
Ont de leurs favoris fait autant de rebelles.

Croyons donc qu'un sujet n'aime pas bien son Roy,
Et donne ouvertement à douter de sa foy ;
Lors que par ses travaux souvent imaginaires
Feignant de soustenir le grand poids des affaires,
Il se fait craindre en maistre, il méprise les loix,
Et reçoit des honneurs qui ne sont deus qu'aux Rois.
Vn Persan qui du Trosne eust occupé la place,
Eut veu punir de mort son indiscrette audace.
Quelle honte en effet qu'un sujet déloyal
Hors la seule Couronne & le Bandeau royal,
Se voye insolemment en pleine jouïssance

Des droits les plus sacrez de la toute-puissance?
Mais que n'entreprend point l'aveugle ambition,
Et des riches tresors l'avare passion?
Combien une puissance & juste & moderée,
Est-elle plus tranquille & de plus de durée?
Donc, que jamais un Roy ne soit effeminé,
Ny trop à ses plaisirs laschement addonné;
Qu'il évite avec soin la molle nonchalance,
Et soit Prince en effet autant qu'en apparence;
Que ceux qu'il a choisis pour estre auprés de luy,
De son Trosne sacré soient le plus ferme appuy,
Et que l'autorité qu'il leur aura donnée,
Dans leurs divers emplois soit prescrite & bornée.

Ce n'est pas que le Prince au gré de ses desirs
Ne puisse innocemment gouster quelques plaisirs,
S'exercer à la course, à la paulme, à la chasse,
Où le corps s'endurcit, & l'esprit se delasse:
Qu'il ne puisse en passant se plaire aux plus beaux arts,
Et sur tout s'addonner au dur mestier de Mars,
Dont les nobles emplois, & les forts exercices
Feront de son grand cœur les plus cheres delices.
Pour prendre toutefois ces divertissemens,

Il doit garder quelque ordre & choisir les momens,
Qu'il n'ait point sur les bras de fâcheuses affaires,
Et que ses soins ailleurs ne soient pas necessaires ;
Car enfin si par trop il s'accoustume aux jeux,
Lors qu'il faudra reprendre un employ vigoureux,
Et de l'Estat branlant tenir les fortes resnes,
Son esprit amolly souffrira mille gesnes :
C'est pourquoy de bonne heure, & dés ses jeunes ans,
On formera le Prince aux travaux les plus grands,
De peur que l'exercice en fust trop difficile,
Lorsqu'un âge plus meur le rendra moins docile.

Par la force du fer l'injuste & fier Anglois
Avoit presque rangé sous le joug de ses lois
Du François abatu le florissant Empire,
Quand l'illustre Pothon & le vaillant la Hyre
Voyant de tant de maux le déplorable cours,
Et que tout perissoit sans espoir de secours,
Abandonnent la guerre, & vont trouver le Prince,
A qui restoit à peine une seule Province :
Ils le trouvent dançant & couronné de fleurs,
Qui du tout insensible à ses propres malheurs
Se mesloit aux ébats d'une troupe de filles,

L iij

Et consumoit le temps en des jeux inutiles.
Si-tost qu'il apperceut ces deux braves Heros,
D'un visage riant il leur tint ce propos ;
Comment, mes chers amis, trouvez-vous que je dance,
D'un air assez galand marquay-je la cadence ?
A ce discours du Prince enyvré de plaisir,
L'un & l'autre Heros fit un profond soupir,
Et l'ame de douleur tristement attendrie
De voir l'estat affreux de leur chere patrie :
Quoy ! Sire est-il bien vray (luy répondit l'un d'eux)
Qu'ainsi parmy les ris, les dances & les jeux,
Où libre de tous soins vostre cœur s'abandonne,
Vous perdiez sans regret vostre illustre Couronne ?
Vn si sage discours ne se fit pas en vain,
Le jeune Roy confus en fut changé soudain,
Et depuis ce moment son ame détrompée
Aux grandes actions fut toujours occupée.

Le Pilote sçait l'art de guider les vaisseaux,
Le Berger sçait celuy de mener les troupeaux ;
Le Laboureur s'entend à cultiver les plaines,
Enfin chaque science a ses regles certaines :
Mesme les animaux de sens abandonnez,

Peuvent avec le temps estre disciplinez :
Que si c'est un reproche à des hommes vulgaires,
D'ignorer de leur art les emplois mercenaires,
Quelle honte à des Rois, si faute de sçavoir
Ils ne s'acquittent pas de leur sacré devoir,
Et si par un excez de lasche negligence,
Ils ne veulent pas mesme en prendre connoissance ?

   Ainsi, qu'au jeune Prince on ait soin d'enseigner
Tout ce qui peut l'instruire en l'art de bien regner,
Afin que dignement orné du diadéme,
Il soit capable un jour de gouverner luy-mesme ;
Car bien qu'il soit utile, & qu'il soit d'un bon Roy
D'avoir des Conseillers toujours auprés de soy,
Et qu'aux évenemens d'une haute importance
Il doive avec grand soin consulter leur prudence ;
Il ne faut pourtant pas que sur eux s'appuyant,
Et de son propre sens par trop se defiant,
Il soit si peu hardy que quelquefois il n'ose
Luy seul, & de son chef hazarder quelque chose.
Il doit secrettement en son cœur retiré,
Et loin des courtisans dont il est entouré,
Avec maturité se consulter luy-mesme

L iiij

EPISTRE DU CHANCELIER

Sur les sacrez devoirs de la grandeur suprême,
Voir ce qui peut le rendre un fameux Potentat,
Ce qui peut estre utile au bien de son Estat,
A qui de ses secrets il fera confidence,
En qui pour les conseils il prendra confiance,
Et par qui les desseins qu'il aura meditez
Avec un zele ardent seront executez.
S'il commet quelque faute en cet apprentissage,
Dans une autre rencontre elle le rendra sage,
Et si pour quelque temps il en paroist confus,
Elle aura cet effet qu'il n'en commettra plus :
Celuy-cy, dira-t'il, m'a manqué de parolle,
Je tiendray desormais sa promesse frivolle ;
En cet autre j'ay veu de la fidelité,
J'y prendray confiance en toute seureté.

 Qu'il garde en sa conduite une telle mesure,
Que malgré la loüange & la douce imposture,
Dont mille courtisans taschent de le flatter,
Son esprit à l'orgueil ne se laisse emporter :
Ou que prenant en soy trop peu de confiance,
Il ne se laisse aller à trop de nonchalance ;
Mais qu'en juge severe, & d'un œil affermy,

Il sçache distinguer le flatteur de l'amy.
Puisse le juste Ciel qui fait nos destinées,
De vingt lustre encor prolonger les années
De l'Auguste Princesse à qui tu dois le jour,
De celle à qui t'ont joint & l'Hymen & l'Amour;
De ton illustre Tante en vertus nompareille,
Des deux Princes Lorrains, de nos jours la merveille,
Et du sage Vieillard qu'on a fait revenir
De l'exil, où l'Envie avoit sceu le bannir.
Tant que du Tout-puissant les bontez infinies
Voudront te conserver ces merveilleux genies,
Tu ne peux, ô grand Roy, manquer de bons avis
Ny de succez heureux tant qu'ils seront suivis.
Tu le connois assez, & si tu consideres,
Comment ils ont conduit jusqu'icy tes affaires,
Tu pourras remarquer que des regnes passez
Il ne s'en trouve point de si bien commencez.
Sur l'appuy toutefois de leur seule prudence,
Garde bien de fonder toute ton esperance,
Et souvien-toy toujours que le conseil humain,
Si Dieu ne le benit, est inutile & vain.
Donc que de l'Eternel la salutaire crainte
Dans ton cœur genereux profondement emprainte

Soit le ferme soustien de ton gouvernement,
Et de tes actions le premier fondement :
Puisque tous les mortels malgré leur suffisance,
Et de leurs bons conseils la sincere innocence,
Sont sujets à faillir, & que s'estant trompez,
On voit dans leurs erreurs les Rois enveloppez.

Il n'en est pas ainsi de la divine essence,
Rien ne sçauroit tromper sa vaste connoissance,
Et cet Estre infiny, par qui seul tout est sceu,
Comme il ne deçoit point ne peut estre deceu :
Il conduira tes pas dans la nuit la plus sombre,
Sa divine lumiere en dissipera l'ombre,
Et toujours devant toy marchant pour t'éclairer,
Elle t'empeschera de pouvoir t'égarer.
Il t'a fait icy bas son image vivante,
Celuy de tous les Rois qui mieux le represente ;
Rens-luy graces des biens dont il veut te combler,
Et fais tous tes efforts pour luy bien ressembler :
Or comme en l'Vnivers sa puissance est suprême,
Pour tout ce qu'il a fait sa clemence est de mesme ;
Tu dois, si tu pretens l'imiter parmy nous,
Comme le plus puissant estre aussi le plus doux.

DE L'HOSPITAL.

Il est vray que de Dieu l'estre est inconcevable,
Que l'œil ne vit jamais son visage adorable ;
Mais nous en connoissons l'eternelle grandeur
Par son fils bien-aimé sa gloire & sa splendeur,
Son Fils qui nous aimant d'une ardeur infinie
Parmy nous & pour nous a deux fois pris la vie.
Quiconque voit ce Fils, voit le Pere en effet,
Puisqu'il en est l'image & le vivant portrait :
Vainqueur & glorieux, quittant nostre misere,
Il est allé s'asseoir à la droite du Pere ;
Mais avant que d'entrer au celeste sejour,
Pour gages eternels de son fidele amour
Nous ayant enseigné comment nous devons vivre,
Il nous a découvert les moyens de le suivre :
Par ses saintes leçons il nous a declaré
De quel culte icy bas Dieu veut estre adoré :
Ce que doit faire un cœur qui desire luy plaire,
Et comment nous pouvons appaiser sa colere ;
Comment on accomplit le doux commandement,
Qui nous oblige tous d'aimer uniquement
Celuy dont la parole en merveille feconde,
Du sterile neant tira l'estre du monde ;
Qui nous ayant créez maistres de l'Vnivers,

EPISTRE DU CHANCELIER

Fait pour nous chaque jour cent miracles divers;
Qui nous conserve tous, qui par sa providence
Entretient en tous lieux une riche abondance,
Et qui plein de douceur se plaist à pardonner
A tant de criminels qu'il pourroit condamner.
Car enfin qui de nous par son ingratitude
Ne merite à toute heure un chastiment tres-rude ?
Sans cesse toutefois son extreme bonté,
Retient la juste ardeur de son bras irrité,
Pour attirer à luy nostre cœur qui l'outrage,
Avant que de frapper il met tout en usage;
Et le foudre vengeur sur le point de partir,
N'attend pour s'arrester que nostre repentir.
Ce Maistre sage & doux qui tendrement nous aime,
Veut qu'en luy ressemblant nous nous aimiös de mesme:
Qu'animez d'un esprit sincere & genereux,
Nous ayons comme luy pitié des malheureux :
Que nostre ame au pardon en tout temps disposée,
Soit par le repentir aisément appaisée;
Et que de nostre cœur le plus aspre courroux
Tombe avant le soleil qui s'est levé sur nous.
Si cette loy d'amour en tous les cœurs gravée
Est des moindres mortels saintement observée,

DE L'HOSPITAL.

Et si chacun de nous pratique ces vertus,
Comment doivent les Rois s'en monstrer revestus,
Eux qui comme rayons de l'Essence divine,
Doivent faire éclatter leur celeste origine ?

Or toy que l'Eternel par un ordre sacré
A voulu faire asseoir au supréme degré,
Et qu'il a signalé de tant d'illustres marques
Qu'on te voit surpasser le reste des Monarques,
Avec le mesme éclat qu'on voit les autres Rois
Surpasser en grandeur ceux qui sont sous leurs lois ;
Rens-toy par la Clemence à Dieu mesme semblable,
En tout temps, comme luy, sois à ton peuple affable ;
Iamais de l'affligé ne rejette la voix,
Et croy que la Clemence est la vertu des Rois.
Ayme mieux qu'aux sujets elle donne la vie,
Que par les chastimens elle leur soit ravie ;
Et leur accorde grace avec le mesme amour,
Que tu veux de ton Dieu la recevoir un jour.
Ne te sers qu'à regret du fer impitoyable,
Qu'il a mis en tes mains pour la mort du coupable ;
A moins que le forfait ne donnast à juger,
Qu'un moindre chastiment ne le peut corriger :

Tel que le Medecin qui se resout sans peine,
A retrancher un membre infecté de gangrene ;
Mais qui plein de douceur tasche de secourir
Tous les maux que son art juge pouvoir guerir.
Vn Roy qui dans le sang assouvit sa colere,
Ne doit point se flatter du titre de severe,
Ny moins pretendre encor à celuy de clement,
En pardonnant sans choix & sans discernement.
D'un cœur vrayment benin si tu veux des exemples;
Ta Royalle Maison t'en fournit d'assez amples :
Puisque de tous les Rois qui regnerent sur nous,
Ton pere & ton ayeul ont esté les plus doux :
Et que pour sçavoir vaincre une juste colere,
Rien n'est de comparable à la Reine ta mere :
Elle qui sur la mort de son fidelle Espoux
Pouvant faire éclatter les traits de son courroux,
Et par le chastiment en tirer la vengeance,
A malgré sa douleur montré tant d'indulgence,
Qu'elle n'a pas voulu mesme toucher au bien
De celuy dont le fer a ravy tout le sien.
Les deux freres Lorrains que leur rare prudence
Rend le plus ferme appuy du bonheur de la France ;
Bien que de mille affronts en les eust outragez,

Ont crû qu'en pardonnant ils s'estoient bien vengez;
Les meurtres, les prisons, les exils & les fuites,
Qui d'un regne naissant sont les communes suites,
N'ont point changé l'Estat en changeant de Seigneur,
Et la clemence seule a causé ce bonheur.

Sois donc, ô puissant Roy, facile & debonnaire,
Revere l'Eternel, & tasche de luy plaire,
Que son divin amour regne au fond de ton cœur;
Que ton soin le plus grand & ta plus vive ardeur
Soit de bien obeir à sa voix eternelle,
Et de bien commander à ton peuple fidelle.
Ces solides vertus de jour en jour croistront,
Et sur les autres Rois enfin t'éleveront.

Ainsi loin de nous plaindre au Ciel dur & severe,
Qui donne un jeune Roy souvent en sa colere,
Nous le benirons tous d'une commune voix,
De nous avoir rangez sous tes aimables loix;
Et tu le beniras d'avoir en ton enfance,
Trouvé des Gouverneurs de qui la vigilance
Fait qu'on te voit déja d'un effort glorieux
Egaler les hauts faits de tes plus grands ayeux.

PORTRAIT D'IRIS.

DE mon incomparable Iris
L'objet le plus parfait qui soit en la nature,
Et de ses charmes qui m'ont pris
J'entreprens de tracer une vive peinture.
Amour mon aimable vainqueur,
Du plus beau de tes feux vien échauffer ma veine;
Et dépein dans mes vers cette belle inhumaine
Comme tu l'as dépeinte au milieu de mon cœur.

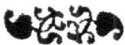

Sa taille noble, riche & belle,
Et qui n'est point d'une mortelle,
Attire le respect de tous :
Mais de son geste aisé la grace naturelle
A quelque chose de si doux,
Que l'amour aussi-tost fait ressentir ses coups,
Et se joint au respect que l'on avoit pour elle.

Ses cheveux longs & noirs, luisans & deliez
Par boucles épandus & galamment liez
Ombragent doucement la fraischeur de sa joüe :

L à

PORTRAIT D'IRIS.

Là, de jeux, de ris & d'amours
 Vn Essein follastre se jouë,
Et dans leurs beaux anneaux fait mille jolis tours.

❧❀❧

Son teint blanc, rehaussé d'un leger incarnat,
 Est plus vif & plus frais encore
 Que celuy de la belle Aurore,
 Et Venus l'a moins delicat.

❧❀❧

Ses yeux grands, doux & noirs ne se peuvent décrire,
Et l'on ne les peut voir que le cœur n'en soupire;
Puisqu'enfin il mourroit accablé de plaisir,
S'il ne se soulageoit du moins par un soupir.
Qu'on aime à ressentir les beaux feux qu'ils allument,
Lorsque par leur presence ils charment tous nos sens!
 Mais helas! dés qu'ils sont absens,
 Que le pauvre cœur qu'ils consument
Esprouve que ces feux sont cruels & cuisans!

❧❀❧

 Sa bouche petite & vermeille
Est d'un rouge animé qui n'eut jamais d'égal:
 Ny les rubis, ny le coral
 N'on point une couleur pareille;

Aussi comme on le peut juger,
La Nature judicieuse
La fit ainsi petite, afin de ménager
Vne couleur si precieuse.

Si quelquefois elle s'ouvre en riant,
On voit deux beaux filets de perles d'Orient,
Egales, blanches & lustrées,
Et dont l'œil avare est épris :
Elles sont, il est vray, petites & quarrées,
Mais elles n'en sont pas pourtant d'un moindre prix.

Pour vous trop injustes oreilles,
Qui refusez d'oüir le recit de mes maux ;
Encor que vous soyez petites & vermeilles
Et sans aucuns defauts,
Puisqu'enfin vos rigueurs étranges
Sont cause de tous mes malheurs,
Vous n'entendrez point vos loüanges
Que vous n'écoutiez mes douleurs.

Sa gorge où le desir s'égare,
En deux petits monts se separe,

PORTRAIT D'IRIS.

L'un de l'autre assez éloignez ;
Vn importun voile les cache,
Qu'ils repoussent fort indignez ;
Il semble que cela les fasche.

❧

Ses bras ronds fermes & polis
Font honte à la blancheur des lis ;
Ses mains sont plus blanches encore ;
    Si ce n'est toutefois
Que vers le petit bout des doigts
Vn peu de rouge les colore.
Telle les a la jeune Aurore,
Quand de couleur de rose elle peint le Levant,
Ou bien quand au matin sur le rivage More
Elle les lave en se levant.

❧

Je sçay bien que ces mains sont un peu larronesses ;
    Et que pour dérober les cœurs
    Elles ont d'étranges adresses ;
Qu'elles n'attendent point que l'on regarde ailleurs,
    Pour faire leurs tours de souplesses :
Mais pour s'en garantir tous soins sont superflus ;
    Et quel moyen de s'en defendre ?

M ij

PORTRAIT D'IRIS.

Lors que l'on a les yeux dessus,
C'est lors qu'elles sçavent mieux prendre.

❦

Pour les autres beautez dont Iris est pourveuë,
Et qui composent son beau corps,
Ce sont de precieux tresors
Qu'elle tient cachez à la veuë;
Avec le mesme soin que sous ses beaux habits
La Terre cache les rubis,
L'or & les diamans pour qui l'on l'importune,
Que sans beaucoup de peine on ne peut enlever;
Mais aussi qui font la fortune
De celuy qui les peut trouver.

❦

De toutes les beautez cet illustre modelle,
Ce chef-d'œuvre achevé de la terre & des cieux;
Ce beau corps le plaisir des yeux
Est le riche palais d'une ame encor plus belle;
Mais d'une ame semblable aux Dieux,
D'une ame toute de lumiere,
Qui connoist toute chose & sçait tout enflammer;
Et dont le seul defaut est d'estre un peu trop fiere,
Et de ne sçavoir pas aimer.

PORTRAIT D'IRIS.

Si vous estes jaloux, grands Dieux de vostre gloire,
Ne souffrez plus en elle une tache si noire,
Qui gaste de vos mains l'œuvre le plus parfait :
   Qu'Iris cesse d'estre inhumaine,
Et pour rendre accomply ce que vous avez fait,
   Rendez-la sensible à ma peine.

Voila de mon Iris la charmante peinture,
Mais l'ouvrage imparfait de mon foible pinceau,
   Puisqu'enfin je luy fais injure,
Et que l'original est mille fois plus beau ;
Il reste seulement qu'à ce riche tableau
   Ie fasse une digne bordure,
   Ma Muse prenons le cizeau.

De cet objet vainqueur il faut que tu t'aprestes,
A tailler en relief les illustres conquestes :
   Icy la prise de Tyrsis,
   Là celle de Sylvandre,
   Icy la defaite d'Alcandre ;
E là l'embrasement du malheureux Acis,
   Dont le cœur fut reduis en cendre.

PORTRAIT D'IRIS.

Sur un pompeux char de victoire,
Il faut placer Iris éclatante de gloire,
Qui mene aprés elle enchaisnez
Vne troupe d'amans que ses beaux yeux captivent,
Qui tous de roses couronnez
Chantent ses beautez & la suivent :
Qui loin de regretter leurs cheres libertez,
Ne voudroient pas changer avec des diadesmes
Les aimables liens dont ils sont arrestez,
Et dont ils sont plus fiers, que s'ils estoient eux-mesmes
Vainqueurs de mille autres beautez.

Ie ne croy pas estre blasmable,
Si plein d'un noble orgueil, & de mon rang jaloux,
Ie marche le premier de tous,
Parmy cette troupe honorable,
Tous ces amans sont courageux,
Galans, liberaux, genereux,
Et je sçay que je vaux moins qu'eux ;
Mais enfin quand l'Amour range ceux de sa suite,
Ce n'est pas selon le merite,
Mais selon qu'ils sont amoureux.

BILLET
A MADEMOISELLE ✱✱✱
En luy envoyant le Portrait de sa Voix.

Lorsque j'ay fait voſtre Portrait, je n'ay pas eu deſſein d'y repreſenter tout ce qui eſt d'aimable en vous; cette penſée auroit eſté trop temeraire, & c'eſtoit bien aſſez que j'entrepriſſe une choſe au deſſus de mes forces, ſans m'engager encore à l'impoſſible. Vous vous plaignez, Mademoiſelle, de ce que je n'ay rien dit de voſtre voix, comme ſi effectivement il ne manquoit rien que cela à voſtre Portrait, & que ce fuſt la ſeule de vos perfections que j'euſſe oubliée. Cependant, je veux bien vous avertir que vous en avez cent autres que j'eſtime infiniment davantage, & que j'euſſe loüées avant que d'en venir à voſtre voix, bien qu'elle ſoit une des plus belles & des plus charmantes du monde; car enfin ay-je rien dit de la douceur de voſtre converſation, qui ne touche pas ſeulement l'oreille, mais qui va juſques à l'ame & qui la charme? ay-je loüé voſtre bonté, voſtre generoſité, voſtre conduite la plus belle & la plus ſage qui fut jamais? Avec tout cela,

144 BILLET A MADEMOISELLE ✱✱✱

Mademoiselle, j'avoüe ingenuument qu'aprés avoir esté si souvent charmé par vostre belle voix, j'ay tort de l'avoir oubliée; aussi pour reparer entierement ma faute, voicy son Portrait que je vous envoye; il est en grand, & il n'est fait que pour elle seule.

PORTRAIT

PORTRAIT
DE LA VOIX D'IRIS.

JE chante les beautez d'une voix sans pareille,
    Pour qui mon cœur est enflammé,
    D'une voix, qui m'ayant charmé
    M'a ravy l'ame par l'oreille :
    Doctes Sœurs qui sçavez chanter,
    Il faut icy faire merveille,
    Rien ne peut mieux le meriter.
Mais vous ne dites mot, vous m'abandonnez, Muses ?
    Ie connois vostre esprit jaloux,
    Vous seriez sans doute confuses
De loüer une voix qui chante mieux que vous.

Cependant vous sçavez, ingrattes que vous estes,
    Combien avec son air charmant,
    Elle sçait donner d'agrément
    Aux belles chansons que vous faites ?
Muses, vous le sçavez & vous estes muettes :
    Mais quoy ! j'ay tort de m'emporter,
    Allez, vous ne sçauriez mieux faire.

PORTRAIT

Quand on a de la voix & qu'on en fait mystere,
  Aprés l'avoir ouy chanter,
  On fait sagement de se taire.

    ✿

Pourtant ne croyez-pas qu'il demeure imparfait,
  Cet aimable & charmant portrait;
Bien que vous me quittiez, bien que la main me tremble,
Dans la crainte où je suis de n'y reüssir pas;
Car enfin j'y mettray tant de beautez ensemble,
  Tant de douceurs & tant d'appas,
  Qu'il faudra bien qu'il luy ressemble.

    ✿

  Ainsi qu'Iris sa voix est belle,
Elle touche d'abord, elle charme comme elle
Par cent doux agrémens qu'on découvre à la fois,
  Elle est petite, & toutefois
L'on ne connoist que trop par la noble asseurance
Dont elle se soustient, & passe une cadance,
Qu'il n'est point dãs le monde un plus beau port de voix.

    ✿

  Elle joint l'Art à la Nature,
  Et dans les divers mouvemens
  Dont elle change à tous momens,

DE LA VOIX D'IRIS.

On luy voit observer une exacte mesure;
Elle sçait quand il faut s'élever, s'adoucir,
Ne dire mot, faire un soupir,
Quand il est à propos qu'elle soit serieuse,
Ou quand de cent fredons elle peut se joüer.
Enfin quoy qu'elle soit tout-à-fait amoureuse,
On ne sçauroit assez loüer
Sa conduite judicieuse.

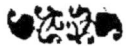

Pourroit-on n'aimer pas son extreme douceur,
Et cette amoureuse langueur
Tendre & passionnée,
Dont elle plaint la destinée
Des Amans qu'Iris traite avec trop de rigueur,
On l'entend sans cesse luy dire;
Qu'elle ait pitié de leur martyre;
Qu'elle soulage leur douleur:
Pour eux elle gemit, pour eux elle soupire,
Et mesme quelquefois il semble qu'elle expire,
Afin de luy toucher le cœur.

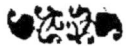

Ny de deux Rossignols l'un de l'autre jaloux
Le concert agreable & doux;

PORTRAIT

Ny d'un cigne mourant la musique plaintive ;
   Ny le murmure d'une eau vive
Qui roule en gazoüillant sur de petits cailloux
   N'ont point cette douceur naïve,
L'oreille n'entend rien de si delicieux,
Et telle est seulement la douceur infinie
Des airs qu'Apollon chante à la table des Dieux,
   Ou l'inconcevable harmonie
   Du juste mouvement des Cieux.

※

Sur le moite gazon d'un grand * demy rond d'eau,
   Où cent claires fontaines
D'un Palais enchanté l'ornement le plus beau
Viennent se reposer & terminer leurs peines,
Iris estoit assise & sa charmante voix
Faisoit chanter l'Echo cachée au fond du bois ;
   L'Echo toute superbe & fiere
De s'entendre chanter de la belle maniere,
Et mieux que les Bergers dont elle avoit apris,
   Sembloit luy disputer le prix,
   Et chantoit toujours la derniere.

* C'est une fontaine de Fromont.

DE LA VOIX D'IRIS.

Lorsque la voix d'Iris poussoit quelque chanson
  Avec une douceur extréme,
L'Echo tout aussi-tost la repetoit de mesme,
Et charmoit à son tour de la mesme façon.
Entre Elles demeura la victoire incertaine :
  Et ce fut la premiere fois,
  Qu'Iris ouït une autre voix
  Chanter aussi bien que la sienne.

  Cependant les Nymphes des eaux
Retenant par respect leurs ondes fugitives
Dans un profond silence écoutoient attentives
Et regardoient Iris au travers des roseaux.
  D'entr'elles la plus respectée, *
De l'excez du plaisir vivement transportée,
  S'élança tout à coup dehors,
Afin de mieux ouyr de si charmans accords,
  Et parut sur l'onde agitée,
  Jusques à la moitié du corps.

---

* Le jet de la fontaine vint à joüer dans ce temps-là, & cessa un moment aprés, ce qui a donné lieu à cette fiction.

PORTRAIT DE LA VOIX D'IRIS.

A la voix qui qui chantoit sur son heureux rivage,
    La Nymphe sembla rendre hommage,
Puis elle se plongea pour aller à la mer
Luy dire que jamais ses fameuses Syrenes,
    Que leurs voix ont rendu si vaines
    N'ont si bien sceu l'art de charmer.

ODE SVR LA PAIX.

Vses quelle est vostre joye,
De voir qu'en ce jour heureux,
Enfin le Ciel nous envoye
Le doux sujet de nos vœux;
Donnez en d'illustres marques
Puisque de tous les Monarques
Le plus grand qui fut jamais
Descent tout brillant de gloire
Du beau Char de la Victoire,
Afin d'embrasser la Paix.

Si ce Prince magnanime
Eust toujours d'un mesme pas
Suivi l'ardeur qui l'anime,
Et qui le porte aux combats
Par tant d'exploits admirables,
A nos neveux, incroyables
Il alloit se signaler,
Que vostre art qui tout surmonte,
Eut enfin receu la honte
De ne le pas égaler.

ODE SUR LA PAIX.

Quittez donc en cette feste
Le trop penible laurier,
Et n'ombragez vostre teste
Que de mirthe & d'olivier :
Loin de vous le Dieu des armes,
Des combats & des alarmes;
Et ne chantez desormais
Sur vostre lyre d'yvoire,
Que le triomphe & la gloire
De l'Amour & de la Paix.

L'impitoyable Bellone,
Depuis cinq lustres entiers
De son glaive qui moissonne
Tous les ans tant de guerriers
Ravageoit de deux grands Princes
Les plus fertiles Provinces,
Sans que rien pust l'arrester;
Et le sang & le carnage,
Au lieu d'assouvir sa rage
Ne faisoient que l'irriter.

ODE SUR LA PAIX.

Le printemps qui fait les roses,
Et dont l'aimable retour
Dans le sein de toutes choses
Verse la joye & l'amour,
Aux villes infortunées,
Des frontieres ruinées
Portoit la pasle terreur ;
Et renouvelant la guerre,
Ne couvroit toute la terre
Que de tristesse & d'horreur.

A peine l'herbe échauffée
Reverdissoit les sillons,
Qu'elle mouroit étouffée
Sous le faix des bataillons :
La plaine aprés cette perte,
Montrant poudreuse & deserte
Au Ciel son sterile flanc,
Goustoit bien-tost la vengeance
De leur brutale insolence,
Et s'engraissoit de leur sang.

Mais quittons-là ce langage,
N'employons point nos accords,
A faire la triste image
D'un champ tout couvert de morts,
Ou d'une ville assiegée,
Que d'une ardeur enragée,
On force de toutes parts,
Et qui prés de sa ruine,
Voit dans son sein la Famine
Et la Mort sur ses remparts.

Enfin ces longues miseres
Ont arresté le courroux
Et les chastimens severes
Du Ciel armé contre nous;
Il semble qu'il se repente
Des coups de sa main pesante,
Et des maux qu'il nous a faits;
Il nous flatte, il nous carresse.
Et pour marque de tendresse
Il fait descendre la PAIX.

ODE SUR LA PAIX.

Que de beauté l'environne !
Qu'elle possede d'appas !
Si l'Olive la couronne,
Les Fleurs naissent sous ses pas ;
C'est bien d'elle qu'on peut dire,
Qu'elle voit sous son empire
Et les peuples & les Rois ;
Tout le monde rend les armes
Au doux pouvoir de ses charmes,
Et se range sous ses loix.

Devant elle fuit & crie
Bellone au front courroucé,
Plus rouge encor de furie
Que du sang qu'elle a versé ;
Cette affreuse Meurtriere
Qui loin de nostre Frontiere
Pour jamais se voit bannir,
Court immoler des Victimes
Où l'appellent les grands crimes
Qu'elle seule doit punir.

ODE SUR LA PAIX.

La PAIX triomphe sans peine,
Tous nos discords sont finis,
Et de l'Ebre & de la Seine
Les Peuples sont reünis :
D'une alliance eternelle,
Malgré leur vieille querelle,
Ils se donnent le baiser :
Et rien que les Pyrenées,
Dont leurs Terres sont bornées,
Ne peut plus les diviser.

Les Nymphes effarouchées
Des Tambours & des Clairons,
Depuis si long-temps cachées
Sous l'écorce de leurs troncs,
Au lieu des aigres Trompettes
N'oyant plus que les Musettes
Dont résonnent les Hameaux,
De mousse & de fleurs parées,
Dansent toutes les soirées
Au tour des sacrez Ormeaux.

ODE SUR LA PAIX.

Dans l'enclos de la barriere,
Et sous de pompeux harnois,
La Noblesse brave & fiere
Ne fait plus que des tournois :
Le peuple plein d'allegresse
Sur les échafauts se presse
Pour regarder ces ébats,
Et trouve bien delectable
Dans une Paix veritable
De voir de ces faux combats.

Lors que la Nuit tend ses voiles
Sur les campagnes d'azur,
Et que le feu des Etoilles
Iette un éclat vif & pur,
Mille traits de flame ardente
Vers la voute étincelante
Poussent leurs brillans éclairs :
Et retombans sur la terre,
D'un agreable tonnerre
Frapent le vague des airs.

ODE SUR LA PAIX.

Tout rit à nostre esperance,
Et chacun dans les festins,
Les jeux, les ris & la dance,
Roule ses heureux destins.
Il faut pourtant reconnestre
Que nos cœurs ne pourront estre
Parfaitement réjoüis,
Qu'en cette grande journée
Où l'Amour & l'Hymenée
Ioindront TERESE & LOVIS.

Quittez les rives du Tage
Divin Chef-d'œuvre des Cieux,
Venez recevoir l'homage
Que meritent vos beaux yeux :
Sous les loix de leur empire
Souffre, languit & soûpire
Le plus grand de tous les Cœurs :
Venez, PRINCESSE, & qu'il voye,
Comblé d'amour & de joye
Ses adorables vainqueurs.

ODE SUR LA PAIX.

Illustre & parfait modele
Des plus solides vertus,
Dont l'infatigable zele
Tous nos maux a combattus,
ANNE Reine incomparable,
Par qui le Ciel favorable
Répand sur nous ses bienfaits,
Nous devons à tes prieres
Ces trois faveurs singulieres,
Le ROY, la REINE & la PAIX.

Et toy qui de nostre France
Parmy tant d'évenemens,
Es la sage intelligence
Qui regle ses mouvemens,
IVLES vainqueur de l'Envie,
Quels peuples lisant ta vie,
N'admireront étonnez,
De tes faits la suite heureuse,
Et cette PAIX glorieuse
Dont tu les as couronnez.

ODE SUR LA PAIX.

Plus loin ton grand cœur aspire,
Et tu veux que desormais
Chacun gouste en cet Empire
Les plus doux fruits de la Paix ;
Pour accomplir ces merveilles
Tu n'interromps point tes veilles ;
Mais dans un si noble employ
Tout entier tu t'abandonnes,
Et le repos que tu donnes,
Tu ne le prens point pour toy.

Ainsi lors qu'aprés la guerre
Que nous fait le mauvais temps,
On voit regner sur la Terre
La douce paix du Printemps ;
Le Soleil qui nous l'envoye,
Quelque brillant qu'on le voye,
N'arreste pas son grand cours ;
Mais redouble sa lumiere,
Et poursuivant sa carriere,
Donne encor de plus beaux jours.

Ouy

ODE SUR LA PAIX.

Ouy quoyque disent nos Peres
Du regne du grand Henry,
Où sous des destins prosperes
La Paix a long-temps fleury;
Nos jours tous remplis de joye,
Devidez d'or & de soye,
Seront plus heureux encor,
Et deviendra veritable,
Ce que la plus vaine fable
Raconte du siecle d'or.

ODE
SVR LE MARIAGE DV ROY.

Toy qui sur un char de lumiere,
  Parois aux portes d'Orient,
Et qui commences ta carriere,
  Avec un visage riant ;
Ccin ton illustre front d'une clarté nouvelle ;
Etalle, beau Soleil, tes plus riches tresors ;
Et que ta robe d'or tout autour étincelle
Des plus beaux diamans que l'Inde ait sur ses bords.

Fay nous voir ta magnificence,
  Que nos yeux en soient éblouïs ;
Puisqu'enfin tu dois ta presence
  Au fameux Himen de LOVIS,
De tant de Majesté la splendeur l'environne ;
Et d'une telle gloire il éclatte aujourd'huy,
Que de quelques rayons que ton chef se couronne,
Tu seras moins pompeux & moins brillant que luy.

ODE SUR LE MARIAGE DU ROY.

    L'Aurore jeune, fraische & belle,
Prevoyant la comparaison
Qu'on feroit de TERESE & d'elle,
A déja quitté l'Horison ;
Elle fuit sagement sa honte trop certaine,
Et malgré son orgueil la jalouse sçait bien,
Que le teint delicat de nostre jeune REINE,
Est encore plus vif & plus frais que le sien.

    Je le vois ce puissant Monarque ;
Et tu dois, clair voyant Soleil,
Le reconnoitre à cette marque,
Qu'il est comme toy sans pareil.
Quelque vaste que soit ta course vagabonde,
Sans flatter ce grand ROY, peux tu pas témoigner,
Qu'il n'est point aujourd'huy de Prince dans le monde,
Si juste, si vaillant, si digne de regner.

    C'est luy qui mesme en son enfance,
Se fit obeir en tous lieux,
Moins par le droit de sa naissance,
Que par le pouvoir de ses yeux.

O ij

ODE SUR LE MARIAGE

Chacun à ses attraits fit gloire de se rendre,
Sa douce majesté ravit toute la Cour:
Mais le voyant si beau dans un âge si tendre,
Peut-estre le pris-tu pour le Dieu de l'Amour.

    C'est luy qui parmy les alarmes
    Et les plus redoutez hazars,
    Trouvant des douceurs & des charmes,
    N'aima que le mestier de Mars.
C'est luy qui tant de fois plein d'une ardeur guerriere,
Fit tomber à tes yeux mille ennemis à bas:
Mais couvert qu'il estoit de sang & de poussiere,
Peut-estre le pris-tu pour le Dieu des combats.

    Cette REYNE qui l'accompagne,
    L'Amour de la terre & des Cieux,
    Est de la noble & riche Espagne,
    Le tresor le plus precieux;
Elle est de ce Heros la derniere conqueste,
Et le prix éclattant de ses actes guerriers;
Ha! qu'un Mirthe si beau pare bien une teste,
Quand on le sçait mesler avec tant de lauriers.

DU ROY.

Que d'une vive & douce flame,
On voit briller dans ses beaux yeux,
L'aimable fierté de son ame,
Et la gloire de ses ayeux.
Que d'un cœur aisément sa bouche a la victoire;
Que ses bras font de honte aux marbres plus polis,
Et qu'à ses belles mains plus blanches que l'yvoire,
Il sied bien de porter le beau sceptre des Lys.

C'est Elle dont les puissans charmes,
Loin de nous & de nos citez
Ont chassé le demon des armes,
Auteur de tant de cruautez:
Elle a fait revenir les plaisirs sur la Terre,
Par elle desormais nous ne craignons plus rien,
Et l'Amour éteignit le flambeau de la Guerre,
Lorsque dans ses beaux yeux il alluma le sien.

Voy-tu ce Prince qu'on revere
En tous les coins de l'univers,
Qui sur l'un & l'autre hemisphere,
Commande à cent peuples divers.

ODE SUR LE MARIAGE

De ce Roy si puissant les terres fortunées,
Qui cachent dans leur sein les tresors que tu fais,
Par le vaste Ocean ne sont point terminées,
Et sur elles ton œil ne se ferme jamais.

    Voy tu cette Auguste PRINCESSE,
    Qui d'un courage plus qu'humain,
    Montra sa force & son adresse,
    Quand le timon fut en sa main,
De cent flots mutinez l'impetueuse rage,
Contr'elle s'éleva d'un inutile effort,
Et maistresse toujours des vents & de l'orage,
Elle voit aujourd'huy son vaisseau dans le port.

    Tu sçais quelle est la destinée
    De son jeune fils que tu vois,
    Tu sçais qu'un pareil hymenée
    Le verra bien-tost sous ses loix :
Heureuse la beauté que le Ciel doit élire,
Pour rendre de son cœur les desirs arrestez,
Et de qui les beaux yeux verront sous leur empire,
Celuy qui fuit les vœux de mille autres beautez.

DU ROY.

❦

 Mais regarde bien ce grand homme,   Le Car-
 Digne d'un eternel honneur: dinal
 Ce heros la gloire de Rome,   Maza-
 Et de la France le bonheur.   rin.
Par luy nostre valeur remplit toute la terre,
Par luy nostre repos doit durer à jamais;
Personne ne sceut mieux l'art de faire la guerre,
Personne ne sceut mieux l'art de faire la PAIX.

❦

 Regarde enfin cette Noblesse,
 Ces Guerriers fiers & valeureux
 Qui du PRINCE & de la PRINCESSE,
 Suivent le triomphe amoureux;
Contemple ces beautez, dont la Cour est ornée,
As-tu rien veu d'égal, & ne semble-t'il pas
Que l'Amour qui prend soin de ce grand Himenée,
Pour embellir sa pompe augmente leurs appas.

❦

 Le jeune Himen ravy de joye,
 D'un si noble & si doux employ,
 De ses beaux nœuds d'or & de soye,
 Engage leur cœur & leur foy.

ODE SUR LE MARIAGE

Il voit avec plaisir que le Dieu de Cithere
Dés long-temps les a joints de ses charmans liens;
Qui pour estre attachez avec moins de mistere,
Ne sont pas moins serrez ny moins forts que les siens.

Mais que cette Salle est pompeuse,
Que son abord charme les yeux,
Que cette table est somptueuse,
Et que de mets delicieux,
Par un heureux effort, le ciel, la terre & l'onde
Semblent s'estre épuisez en ce riche appareil,
Et jamais les Cesars maistres de tout le monde,
Dans leurs plus grands festins n'ont rien fait de pareil.

Que cette parfaite harmonie
Frappe agreablement les sens,
Et que sa douceur infinie
Donne de plaisirs innocens.
Soleil pere des vers oseray-je te dire
Que les Airs immortels dont tu ravis les Dieux,
Ny les tons éclattans de ta sçavante lyre
Ne sont point si touchans ny si melodieux.

Par

DU ROY.

Par des cadences mesurées,
Au son de ces divins concerts
Les Dames richement parées
Estallent leurs charmes divers ;
Que leurs yeux ont d'éclat, que leur démarche est fiere,
Du vaste firmament les magnifiques feux,
Au milieu de la nuit n'ont point tant de lumiere,
Et ne vont point d'un pas si juste & si nombreux.

Des Reines la plus glorieuse
Qu'on voye en la suite des temps,
Et des Meres la plus heureuse,
ANNE que tes vœux sont contens !
Quelques grandes que soient les illustres merveilles
Dont ce genereux Fils a payé ton amour,
Tu n'as point ressenty d'alegresses pareilles,
Depuis l'heureux moment qu'il a receu le jour.

Bien que son bras soit invincible,
Et que les plus rudes combats,
N'ayant pour luy rien de terrible,
Luy soient de glorieux ébats ;

ODE SUR LE MARIAGE

N'est-il pas vray pourtant quand il prenoit les armes,
Qu'on te voyoit pallir, que tu tremblois de peur,
Que tes beaux yeux pleuroient, & qu'enfin les alarmes
Se donnoiët dans le Camp bien moins que dans ton cœur?

Lors mesme qu'à cette tempeste
Succedoit un calme serein,
Que le Laurier couvroit sa teste,
Que la Palme ombrageoit sa main ;
Au milieu des transports que t'inspiroit sa gloire,
Ton cœur de déplaisir n'estoit-il pas atteint,
Quand tu considerois quelle estoit sa victoire ;
Et quel estoit le sang dont tu le voyois teint ?

En ce beau jour tu contribuë
A satisfaire tes desirs,
Et rien enfin ne diminuë
Le juste excez de tes plaisirs ;
Tu goustes les douceurs d'une parfaite joye,
Qu'on peut bien ressentir, mais qu'on ne peut penser ;
Digne de la grandeur du ciel qui te l'envoye,
Digne de ta bonté qu'il veut recompenser.

DU ROY.

Mais bel Astre l'heure s'avance,
Qui t'oblige à quitter ces lieux ;
Ne vois-tu pas que ta presence
Te rend desormais ennuyeux ?
En sa robe d'argent la diligente Lune,
A l'Hymen de LOVIS vient paraistre à son tour :
Retire, beau Soleil, ta lumiere importune,
Et fay place à la Nuit plus belle que le Iour.

Déja de ses plus riches voiles
Elle commence à s'ombrager,
Et trouppe à trouppe les Etoilles
Prés d'elle viennent se ranger.
Qu'il fera beau la voir sortir de chez Neptune,
Au milieu des clartez de sa brillante Cour !
Retire, beau Soleil, ta lumiere importune,
Et fay place à la Nuit plus belle que le Iour.

L'Amour en soûpirant l'appelle,
Fasché de la voir s'arrester ;
Et marchant toujours devant elle,
La conjure de se hoster.

P ij

ODE SUR LE MARIAGE DU ROY.

Que les charmes sont doux de cette aimable Brune,
Quand ils sont éclairez du flambeau de l'Amour!
Retire, beau Soleil, ta lumiere importune,
Et fay place à la Nuit plus belle que le Iour.

ODE AU ROY
SUR LA NAISSANCE
de Monseigneur le Dauphin.

MONARQVE à toy seul comparable,
Qui voudroit de tes doux transports
Exprimer l'excez incroyable,
Feroit d'inutiles efforts.
Seul tu sçais de quel heur le Ciel te favorise :
Vn mortel comme moy ne le conçoit pas bien :
Cette joye est trop vaste, & pour estre comprise,
Elle demande un cœur aussi grand que le tien.

Dans cet evenement prospere,
Nostre esprit foible & limité
N'aperçoit & ne considere
Que sa propre felicité.
Nous croyons que ce Fils dont l'heureuse naissance
Promet à l'avenir cent miracles divers :
Par l'ordre des Destins n'est donné qu'à la France ;
Et tu sçais qu'il est né pour tout cet Vnivers.

174 ODE SUR LA NAISSANCE

Tu sçais que le Ciel qui le donne
A la sainte ardeur de tes vœux,
Reserve plus d'une Couronne
A ce doux gage de tes feux.
Tu sçais que son Empire en tous lieux doit s'étendre,
Que rien ne doit borner ses valeureux exploits,
Et que les Nations peuvent toutes pretendre
Au souverain bon-heur de vivre sous ses loix.

Ouy, ce Fils beau comme sa Mere
Et que l'on prendroit pour l'Amour,
Sera vaillant comme son Pere,
Et pour Mars sera pris un jour.
Cet aimable sujet de toutes nos tendresses
Deviendra la terreur des plus hardis Guerriers :
Et ces petites mains qui te font des caresses,
Renverseront l'orgueil des Tyrans les plus fiers.

De tant d'heureuses destinées
Le cours illustre & glorieux
N'attend plus qu'après les années
Et se lit déja dans ses yeux.

DE MONSEIGNEUR LE DAUPHIN.

Déja l'on voit en luy ces marques éclatantes
Dont le Ciel ennoblit le front des Souverains :
Et qui dés leur berceau visibles & brillantes
Separent les Heros du reste des humains.

Bellone de sang affamée,
Avant qu'il eust receu le jour,
Par la voix de la Renommée,
Nous menaçoit d'un prompt retour.
Déja de toutes parts ses couleuvres errantes
Répandoient un venin prest de tout embraser,
Et portoient dans les cœurs leurs blessures cuisantes,
Quand ton Fils en naissant a sceu les écraser.

Tel autrefois le jeune Alcide
Etouffa deux affreux serpens,
Qu'il vit d'un regard intrepide,
Autour de son berceau rampans.
Les monstres estranglez par la main enfantine
De ce fameux Heros issu du sang des Dieux,
Furent en mesme temps, & de son origine,
Et de ses grands travaux les signes glorieux.

P iiij

ODE SUR LA NAISSANCE

Ainsi c'est en vain que tes armes
Iroient luy gagner des Estats ;
Il trouvera bien plus de charmes
A ne les devoir qu'à son bras.
Ouy, quelque grand que soit le fertile heritage,
Qu'en ce doux temps de paix tes soins font refleurir,
Son cœur ambitieux aimera davantage
Ceux que tu luy voudras laisser à conquerir.

Quand ce jeune foudre de guerre
Sur les traces de Godefroy,
Ira dans l'infidelle terre
Porter le carnage & l'effroy;
Que tu seras content d'ouïr la Renommée
Qui viendra te parler de ses faits glorieux,
Et de voir sa valeur par l'exemple animée
Egaler les exploits de tous ses grands ayeux !

La noble & sainte Palestine
Aprés tant de tourmens soufferts
Sous le Tyran qui la domine,
Verra par luy rompre ses fers.

Sur les brulans sablons des plaines Iduméces,
Cent Bachas tomberont par ses vaillans efforts,
Et n'auront assemblé tant de grandes armées
Que pour croistre sa gloire & le nombre des morts.

Au creux de sa grotte profonde,
Le Iourdain mollement couché,
Apercevant rougir son onde
Du sang tout autour épanché,
Montera sur ses bords, & des troupes craintives
Contemplant le carnage & ton Fils au milieu,
Croira voir Iosué, qui sur ces mesme rives
Revient exterminer les ennemis de Dieu.

En vain la superbe Bysance
De mille bataillons épars,
Aura couvert, pour sa défensé,
Le vaste tour de ses remparts.
Par le passage affreux des bréches attaquées
Il ira plein d'ardeur la soûmettre à ses loix,
Et sur l'orgueilleux front de toutes les Mosquées
Le Croissant abbatu fera place à la Croix.

178 ODE SUR LA NAISS. DE M. LE DAUPH.

Alors se verront éclaircies
Par ces fameux évenemens,
Les infaillibles Propheties
De la chute des Ottomans.
Alors un nouvel Astre éclattant de lumiere
Tiendra sur son grand cours tous les yeux arrestez,
Et des bords du Couchant commençant sa carriere
De l'Astre de la nuit éteindra les clartez.

ELEGIE.

JE viens, cruelle Iris, les yeux baignez de larmes
Me jetter à vos pieds & vous rendre les armes ;
Je viens malgré les maux que j'ay déja soufferts,
Rentrer dans vos prisons, me remettre en vos fers,
Endurer les rigueurs de mon premier martyre,
Suivre vos dures loix, mourir sous vostre Empire,
Et vous faire paroistre un cuisant repentir
D'avoir insolemment essayé d'en sortir.

 Lors que de vos beaux yeux la prompte & vive flame,
En passant dans les miens vint embraser mon ame,
Et que mon cœur épris de leur vive clarté
Leur offrit en tremblant sa chere liberté ;
Leur extreme douceur qui promet & qui flatte,
Qui semble incompatible avec une ame ingratte,
Et qui sçait allumer tant d'aimables desirs,
Me parut en secret approuver mes soupirs :
Je creus que leurs regards me seroient favorables ;
Je creus que quelque jour ces beaux yeux adorables,
Voyant mon triste cœur tout percé de leurs traits,
Prendroient quelque pitié des maux qu'ils auroient faits.

ELEGIE.

Mais helas quand j'ozay vous declarer ma peine,
Je connus à quel point vous estiez inhumaine,
Et vis que vostre cœur enflammé de courroux
N'estoit pas moins cruel que vos yeux estoient doux.
J'eus beau vous faire voir qu'avecque violence
L'Amour m'avoit forcé de rompre le silence,
Et que des mesmes feux dont il m'avoit brûlé
Il m'auroit fait mourir si je n'eusse parlé.
Rien ne put appaiser vostre injuste colere ;
Et depuis ce moment où je sceus vous déplaire,
Je n'ay fait que gemir, que répandre des pleurs,
Et nourrir dans mon sein d'inutiles douleurs.

 Je languissois ainsi loin de toute esperance,
Et ployois sous le faix de la perseverance,
Quand un lasche Depit voulut me secourir,
Et faillit à me perdre au lieu de me guerir.
Ce noir fils du Chagrin & de l'Impatience,
Estallant les ennuis de ma longue souffrance,
Et l'incroyable excés de vostre cruauté,
Fit voir insolemment à mon cœur irrité
Tous les autres amans au milieu des delices,
Et que seul je souffrois au milieu de supplices,
Il me fit remarquer mille & mille bergers,

ELEGIE.

D'un merite commun, inconstans & legers,
Qui par un simple aveu de flames mensongeres
Avoient gagné le cœur de leurs jeunes bergeres,
Et qui ne trouvant plus d'obstacle à leurs desirs
Couloient leur douce vie au milieu des plaisirs.
L'Indiscret poursuivit son cruel stratagême,
Et me fit aussi-tost refleschir sur moy-mesme,
Où ne voyant qu'amour & que sincerité,
Que respect, que tendresse, & que fidelité,
Qui de vous, belle Iris, pour toute recompense
N'ont eu que du mépris, ou de l'indifference ;
Il me fit avoüer qu'entre les Amoureux
J'estois le plus fidele, & le plus malheureux.
Me reprochant alors d'avoir peu de courage
De souffrir si long-temps un si sensible outrage,
Romps ces indignes fers, me dit cet emporté,
Et reprens pour jamais ta douce liberté ;
Que desormais l'Amour cesse d'estre ton maistre,
Puisque l'Amour enfin n'est qu'un fourbe & qu'un trai-
Qui t'ayant par surprise engagé sous sa loy   [stre,
Te manque de parole, & se rit de ta foy.
Pour secoüer son joug & braver sa puissance,
Il ne faut que d'Iris éviter la presence,

ELEGIE.

Elle est toute sa force, & cet audacieux
N'est puissant que des traits qu'il prend dans ses beaux [yeux,
Fuy ces charmans apas dont ton ame est ravie,
Asseure en t'éloignant le repos de ta vie,
Et sçache que l'oubly suivy d'un fier mépris
Te vangera bien-tost de l'Amour & d'Iris.

 Cet injuste dessein me parut legitime,
Et voila, belle Iris, où commence mon crime ;
J'écoutay sollement ce propos suborneur
Dont le Dépit rebelle empoisonnoit mon cœur.
Je voulus vous quitter pour éteindre ma flame,
Et le traistre à tel point sceut aveugler mon ame,
Que je creus loin de vous trouver quelques appas,
Et pouvoir vivre heureux où vous ne seriez pas.
Ainsi donc pour guerir de mon ardeur cruelle
Je me laisse conduire à ce guide infidelle,
Et d'un visage triste abandonnant ces lieux,
Je tasche à divertir mon ame par mes yeux.

 Du bel Astre du jour la belle avantcourriere
Ouvroit de l'Orient la pompeuse carriere,
Et sur un char d'opale entouré de rubis
Faisoit éclatter l'or de ses riches habits,
Quand d'un pas incertain suivant ma réverie,

ELEGIE.

Ie me vis au milieu d'une longue prairie
Où brilloient à l'envy mille petites fleurs,
Et formoient un tapis de diverses couleurs.
 Vn ruisseau s'égayant à la clarté nouvelle
Promenoit tout autour son onde claire & belle,
Enrichissoit de joncs le rivage humecté,
Et sembloit en son cours un serpent argenté
Qui montrant au Soleil ses écailles superbes,
En replis ondoyans se glissoit sur les herbes.
Mille oyseaux de plumage & de chant differens,
Sur les rameaux fleuris des buissons odorans,
Faisant un doux concert de leur petit ramage,
Saluoient la lumiere & luy rendoient hommage,
Mais helas! ces objets à mes yeux presentez,
Loin, trop aimable Iris, d'effacer vos beautez,
Vinrent par leurs doux traits en rafraischir l'idée
Que malgré le Dépit mon ame avoit gardée.
Et loin de rencontrer en ce charmant sejour
Vn azile à couvert des forces de l'Amour,
Ie ne connus que trop, admirant sa puissance,
Que j'estois en des lieux de son obeissance ;
Par tout où je jettay mes timides regards
Le cruel à mes yeux s'offrit de toutes parts.

ELEGIE.

Sur la molle prairie où Flore se retire
Tantost il se joüoit avecque le Zephyre;
Tantost prés des oyseaux il venoit s'arrester,
Conduisoit leur musique & les faisoit chanter;
Tantost agenoüillé sur les rives de l'onde
Il aiguisoit ses traits vainqueurs de tout le monde.
Fuyons, criay-je alors, & nous sauvons ailleurs,
L'Amour est dans ces prez l'Amour est sous ces fleurs.
    Sur un mont sourcilleux & presqu'inaccessible,
Par les rudes sentiers d'une route penible,
Fuyant de ces beaux lieux les dangereux apas,
Toujours triste & chagrin je conduisis mes pas.
Au sommet de ce mont un bois épais & sombre,
Sous ses rameaux feüillus cachoit le frais & l'ombre,
Qui redoutant les traits du Dieu de la clarté
Dans cet azile obscur trouvoient leur seureté.
La mousse parfumée & les herbes champestres,
Qui croissant à l'abry des chesnes & des hestres
Semblent en reverer la superbe grandeur,
Exhalloient tout autour une agreable odeur.
Au travers des haliers & des vertes fougeres
Erroient les Daims peureux & les Biches legeres,
Qui rentroient aussi-tost dans le bois le plus noir,

Et

ELEGIE.

Et que l'œil incertain ne faisoit qu'entrevoir.
Je voulus m'arrester pressé de lassitude,
Et gouster le repos dans cette solitude :
Mais helas ! je connus que pour les Amoureux
Encor plus que les prez, les bois sont dangereux ;
Que l'ombre & le silence enflament leur blessure,
Et que le vert lambris d'une forest obscure,
Qui resiste aux ardeurs du bel astre du jour,
N'est pas impenetrable à celles de l'Amour.
Je le vis le cruel, qui dans ce lieu sauvage
Avec son petit arc faisoit plus de ravage
Que Diane n'en fait dans toutes les forests,
Rien qui se presentast n'échappoit à ses traits :
Le timide Chevreüil, quoy qu'ailé par la crainte
En avoit ressenty l'inévitable atteinte ;
Le Cerf bramoit sans cesse en son fort écarté
Du coup que dans son cœur l'Amour avoit porté ;
La Tourtre desolée & plaignant son veuvage,
Sur un triste rameau dépouillé de feüillage,
Par son chant langoureux exprimoit son tourment,
Et remplissoit le bois d'un long gemissement.
Je ne sçay s'il me vit, mais au fonds de mon ame,
Je sentis, belle Iris, descendre un trait de flame.

Et

Q

ELEGIE.

Qui réveillant en moy vostre doux souvenir,
Fit à mon cœur blessé pousser un long soupir.

Ie sors de la forest, & le long de la plaine
Ie suis aveuglément le Dépit qui m'entraine,
Ie traverse des monts, des citez, des deserts,
Des vallons, des costeaux, des fleuves & des mers ;
Ie passe en mille lieux pour soulager ma peine :
Mais de quelque costé que le Dépit me meine,
De mon cruel tourment je sens toujours les coups,
Et ne puis m'éloigner de l'Amour, ny de Vous.
Ces prez, ces bois, ces fleurs dont l'aimable peinture
Pare agreablement le sein de la Nature,
Ces monts imperieux, ces deserts écartez,
Ces fertiles vallons, ces superbes citez,
Ces verdoyans costaux, ces jaunissantes plaines,
Ces fleuves orgueilleux, & ces claires fontaines,
D'un langage muet me disoient tour à tour
Il n'est rien qui ne cede au pouvoir de l'Amour.
Puis au fond de mon cœur retraçant vostre image,
A l'envy l'un de l'autre ils luy rendoient hommage,
Et disoient tour à tour en luy quittant le pris,
Il n'est rien qui ne cede à la beauté d'Iris.

Ainsi je reconnus ma trop vaine entreprise,

ELEGIE.

Et l'erreur dont mon ame avoit esté surprise.
Ainsi je vis mon crime, & j'en eus telle horreur
Que j'en pensay mourir de honte & de douleur.
Ainsi, cruelle Iris, je viens les yeux en larmes
Me jetter à vos pieds & vous rendre les armes.
Ainsi malgré les maux que j'ay déja soufferts,
Je viens triste & confus me remettre en vos fers,
Endurer les rigueurs de mon premier martyre,
Suivre vos dures loix, mourir sous vostre Empire,
Et vous faire paroistre un cuisant repentir
D'avoir insolemment essayé d'en sortir.

LA PEINTURE.
POEME.

Doux charme de l'esprit, aimable Poësie,
Conduis la vive ardeur dont mon ame est saisie,
Et meslant dans mes vers la force à la douceur
Vien loüer avec moy la Peinture ta sœur,
Qui par les doux attraits dont elle est animée,
En seduisant mes yeux a mon ame charmée.

Et toy fameux le Brun, ornement de nos jours,
Favory de la Nymphe, & ses tendres amours,
Qui seul as merité par ta haute science,
D'avoir de ses secrets l'entiere confidence,
D'une oreille attentive écoute dans ces vers
Les dons & les beautez de celle que tu sers.

De l'Esprit Eternel la sagesse infinie
A peine eut du Chaos la Discorde bannie,
Et le vaste pourpris de l'Empire des Cieux
A peine estoit encor peuplé de tous ses Dieux,
Qu'ensemble on vit sortir du sein de la Nature
L'aimable Poësie & l'aimable Peinture,
Deux sœurs, dont les appas égaux, mais differens,

LA PEINTURE.

Furent le doux plaisir de l'esprit & des sens :
L'aisnée eut en naissant la parole en partage,
La plus jeune jamais n'en eut le moindre usage ;
Mais ses traits & son teint ravirent tous les Dieux ;
Sa sœur charma l'oreille, elle charma les yeux,
Elle apprit avec l'âge & les soins de l'Escole,
A si bien reparer son défaut de parole,
Que du geste aisément elle sceut s'exprimer,
Et non moins que sa sœur discourir & charmer.
Si juste elle sçavoit d'une adresse incroyable
Donner à chaque objet sa couleur veritable,
Que l'œil en le voyant de la sorte imité
Demandoit à la main si c'estoit verité.

Si-tost qu'elle parut sur la voute eternelle
Tous les Dieux étonnez eurent les yeux sur elle,
Et pour apprendre un art si charmant & si beau
Chacun d'eux à l'envy prit en main le pinceau.

Le Maistre souverain du Ciel & de la Terre,
D'un rouge étincelant colora son Tonnerre,
Et marqua d'un trait vif dans le vague des airs
L'éblouïssant éclat de ses brillans éclairs.

Dés la pointe du jour la diligente Aurore,
Depuis l'Inde fameux jusqu'au rivage More,

LA PEINTURE.

Couvrit tout l'Horison d'un or luysant & pur,
Pour y répandre ensuite & le pourpre & l'azur.

 Celuy qui des saisons fournit l'ample carriere,
Fit toutes les couleurs avecque sa lumiere:
Et ses rayons dorez sur la terre & les eaux
Furent dés ce moment comme autant de pinceaux,
Qui touchant les objets d'une legere atteinte,
Leur donnerent à tous leur veritable teinte.

 D'un trait ingenieux l'inimitable Iris
Traça sur le fond bleu du celeste lambris
Vn grand arc triomphal dont les couleurs brillantes
S'unissant l'une à l'autre, & pourtant differentes,
De leur douce nüance enchanterent les yeux,
Et furent l'ornement de la voute des Cieux.

 La celeste Iunon sur l'air, & les nuages,
Peignit d'or & d'azur cent diverses images:
Et la mere Cibele en mille autres façons,
Colora ses guerets, ses prez & ses moissons.

 Mais le plaisir fut grand de voir Flore & Pomone
Sur les riches presens que la terre leur donne
A l'envy s'exercer en couchant leurs couleurs,
A qui l'emporteroit ou des fruits ou des fleurs.

 Les Nymphes toutefois des limpides fontaines,

LA PEINTURE.

Et des mornes estangs qui dorment dans les plaines,
Ravirent plus que tous les yeux & les esprits,
Et sur les autres Dieux remporterent le prix.
Ce fut peu d'employer les couleurs les plus vives
A peindre au naturel le panchant de leurs rives,
D'une adresse incroyable on les vit imiter
Tout ce qu'à leurs regards on voulut presenter.
Des plaines d'alentour, & des prochains bocages
Sur l'heure elles formoient cent divers païsages,
Et le plus viste oyseau si-tost qu'il paroissoit,
Estoit peint sur leur onde au moment qu'il passoit.

  Au pied de l'Helicon d'un art inimitable
La Nymphe avoit construit sa demeure agreable ;
Là souvent Apollon, qui plus voisin des Cieux
Habite de ce mont les sommets glorieux,
Venoit avec plaisir voir les nobles pensées
Qu'avoit sa docte main sur la toile tracées,
Et luy communiquoit ses sçavantes clartez
Sur les desseins divers qu'elle avoit meditez.

  Vn jour qu'il vint trouver cette divine Amante
Dans son riche palais, où d'une main sçavante
Sur les larges parois, & dans les hauts lambris
Elle mesme avoit peint mille tableaux de prix ;

Il la vit au milieu d'une superbe salle,
Que le jour éclairoit d'une lumiere égale,
Qui par les traits hardis de ses doctes pinceaux,
D'un soin laborieux retouchoit les tableaux

Les neuf Genres de Peinture.
De neuf jeunes beautez, qui toutes singulieres
Sous ses ordres suivoient neuf diverses manieres,
Et qui s'estant formé de differens objets,
Avoient representé neuf sortes de sujets.

L'Histoire.
   Celle qui s'occupoit aux tableaux de l'Histoire,
Sur sa toile avoit peint l'immortelle victoire
Que sur les vains Titans remporterent les Dieux,
Lors qu'un injuste orgueil leur disputa les Cieux.
Sur l'Olympe éclattant d'une vive lumiere
Paroissoit des vainqueurs la troupe auguste & fiere ;
Et dans l'ombre gisoient les vaincus dispersez,
Fumans du foudre encor qui les a renversez.

Les Grotesques.
   Vne autre moins severe, & plus capricieuse,
Avoit des mesmes Dieux peint la fuite honteuse,
Quand sur les bords du Nil vainement alarmez
On les voyoit encor à demy transformez ;
D'un Belier bondissant la toison longue & belle,
Cachoit le Souverain de la troupe immortelle.
La timide Venus plus froide qu'un glaçon,

Femme

LA PEINTURE.

Femme à moitié du corps finissoit en poisson.
Et Bacchus dont la peur rendoit les regards mornes
Avoit déja d'un Bouc & la barbe & les cornes;
Apollon qui se vit des aisles de corbeau,
Se détourna de honte, & quitta le tableau.

 Il se plut dans un autre à voir le vieux Silene,   Les Bacchanales.
Qui hasle sa monture, & s'y tenant à peine,
Meine un folastre essein de Faunes insolens,
Et de Dieux Chevrepieds, yvres & chancelans.

 Ensuite il contempla l'image de son pere,   Les Portraits.
Plus connoissable encor par ce saint caractere
Qui le fait adorer des Dieux & des humains,
Que par le foudre ardent qu'il porte dans ses mains.

 Sur la toile suivante il vit les beaux rivages   Les Paysages.
Du sinueux Penée, & ses gras pasturages,
Où libre de tous soins à l'ombre des ormeaux
Pan faisoit resonner ses fresles chalumeaux.

 Dans un autre tableau riche d'Architecture,   L'Architecture.
Il voit de son Palais la superbe structure
Où brillent à l'envy l'or, l'argent, le cristal,
L'opale, & le rubis du bord Oriental.

 Dans le tableau suivant il sent tromper sa veuë,   La Perspective.
Par le fuyant lointain d'une longue avenuë

De cedres palissans, & de verts orangers,
Dont Pomone enrichit ses fertiles vergers.

Les Animaux. Ensuite il voit le Nil, qui sur ses blonds rivages
Abbreuve de ses eaux mille animaux sauvages.

Les Fleurs. Puis les lys, les œillets, les roses, les jasmins,
Qui de la jeune Flore émaillent les jardins.

De ces tableaux divers le beau fils de Latone
Contemple avec plaisir le travail qui l'étonne,
Admire leurs couleurs, leurs ombres, & leurs jours,
Puis regardant la Nymphe, il luy tint ce discours.

Beauté de l'Vnivers, honneur de la Nature,
Charme innocent des yeux, trop aimable Peinture,
Rien ne peut égaler l'excellence des traits
Dont brillent à l'envy ces chef-d'œuvres parfaits:
Mais puisque l'Avenir en ses replis plus sombres,
N'a rien dont mes regards ne penetrent les ombres,
Ie veux vous reveler les succez, éclatans,
Qu'aura vostre bel Art dans la suite des temps,
Quand aux simples mortels l'Amour par sa puissance
En aura découvert la premiere science.
La Grece ingenieuse à qui les Dieux amis,
De l'ame, & de l'esprit tous les dons ont promis,
Entre les regions doit estre la premiere

LA PEINTURE.

Sur qui de tous les arts s'épandra la lumiere ;
Chez elle les humains sçavans & curieux,
Marqueront les premiers le mouvement des Cieux :
Les premiers verront clair dans cette nuit obscure
Dont se cache aux mortels la secrette Nature ;
Le Meandre étonné sur ses tortueux bords,
De la premiere Lyre entendra les accords :
Vostre art en mesme temps pour comble de sa gloire
Produira mille effets d'eternelle memoire,
Là d'un soin sans égal les fruits representez,
Par les oyseaux deceus se verront bequetez,
Et là d'un voile peint avec un art extréme,
L'image trompera les yeux du trompeur mesme.
D'un Maistre renommé le chef-d'œuvre charmant
De sa ville éteindra l'affreux embrasement.
D'un autre plus fameux la main prompte & fidelle
Peindra la Citherée, & la peindra si belle,
Que jamais nul pinceau n'osera retoucher
Les beaux traits que le sien n'aura fait qu'ébaucher.
Par mille autres travaux d'une grace infinie,
La Grece fera voir sa force & son genie.
Mais comme le Destin veut que de toutes parts
Habitent tour à tour la Science & les Arts ;

Que de ses grands desseins la sagesse profonde
En veut avec le temps honorer tout le monde,
Et dans tous les climats des hommes habitez,
Epandre de leurs feux les fecondes clartez.
Les jours arriveront où l'aimable Italie
Des arts & des vertus doit se voir embellie ;
Le Chantre de Mantouë égalera les sons
Dont le divin Aveugle animoit ses chansons ;
Et du Consul Romain les paroles hautaines
Feront autant de bruit que les foudres d'Athenes.
Alors éclattera l'adresse du Pinceau,
Et l'ouvrage immortel du penible Ciseau ;
Là de mille tableaux les murailles parées,
Des Maistres de vostre Art se verront admirées ;
Et les marbres vivans épars dans les vergers
Charmeront à jamais les yeux des Estrangers.
Mais à quelque degré que cette gloire monte,
Rien ne peut empescher que Rome n'ait la honte,
Malgré tout son orgueil de voir avec douleur
Passer chez ses voisins ce haut comble d'honneur :
Lorsque par les beaux arts, non moins que par la guerre,
La France deviendra l'ornement de la terre,
Elle aura quelque temps ce precieux tresor

LA PEINTURE.

Qu'elle ne croira pas le posseder encor.
Mais quand pour élever un Palais qui réponde
A l'auguste grandeur du plus grand Roy du monde,
L'homme, en qui tous les Arts sembleront ramassez,
Du Tibre glorieux les bords aura laissez,
Elle verra qu'en vain de ces lieux elle appelle
La Science & les Arts qui sont déja chez elle :
Sagement toutesfois d'un desir curieux
Les Esleves iront enlever de ces lieux,
Sous de vieilles couleurs la science cachée,
Aprés qu'avec travail leur main l'aura cherchée,
Et mesurant des yeux ces marbres renommez
En dérober l'esprit dont ils sont animez.

 Les Arts arriveront à leur degré suprême,
Conduits par le genie & la prudence extrême
De celuy dont alors le plus puissant des Rois,
Pour les faire fleurir aura sceu faire choix.
D'un sens qui n'erre point sa belle ame guidée,
Et possedant du beau l'invariable idée,
Elevera si haut l'esprit des Artisans,
En leur donnant à tous ses ordres instruisans,
Et leur fera tirer par sa vive lumiere,
Tant d'exquises beautez du sein de la matiere,

Qu'eux-mesmes regardant leurs travaux plus qu'hu-
A peine croiront voir l'ouvrage de leurs mains. [mains

Nymphe c'est en ce temps que le bel art de peindre
Doit monter aussi haut que l'homme peut atteindre,
Et qu'au dernier degré les Pinceaux arrivez
Produiront à l'envy des tableaux achevez ;
Tableaux, dont toutefois l'ample & noble matiere,
Que le Prince luy seul fournira toute entiere,
Encor plus que l'Art mesme aura de l'agrément,
Et remplira les yeux de plus d'étonnement.
Rien ne peut égaler cette brillante gloire,
Qui formera le corps de toute son histoire,
Et qui doit animer les plus excellens traits,
Que la main d'un mortel dessignera jamais :
Il n'est rien de semblable à l'adresse infinie,
Des Maistres qui peindront au gré de leur genie,
Ses Chasses, ses Tournois, ses Spectacles charmans,
Ses Festins, ses Ballets, & ses déguisemens.
Combien sera la main noble, sçavante, & juste,
Qui donnera la vie à ce Visage auguste,
Où seront tous les traits, par qui les Souverains
Charment & font trembler le reste des humains ?
Que ceux dont le bon goust donné par la Nature,

Aime, admire, & connoist la belle Architecture,
Auront l'esprit content, & les yeux satisfaits,
De voir les grands desseins de ses riches Palais,
Qui pour leur noble audace, & leur grace immortelle
Des pompeux bastimens deviendront le modelle ;
Qu'il sera doux de voir peint d'un soin curieux
De tous les beaux vergers le plus delicieux,
Soit pour l'aspect fuyant des longues avenuës,
Soit pour l'aimable objet des differentes veuës,
Soit pour le riche émail, & les vives couleurs
Des parterres semez des plus riantes fleurs !
Soit pour les grands estangs, & les claires fontaines
Qui de leurs vases d'or superbes & hautaines,
Et malgré la Nature, hostesses de ces lieux,
Par le secours de l'Art monteront jusqu'aux Cieux ?
Soit enfin pour y voir mille trouppes errantes
De tous les animaux d'especes differentes
Qui parmy l'Vnivers autrefois dispersez,
Dans ce charmant reduit se verront ramassez :
C'est la que le Heros las du travail immense
Qu'exige des grands Rois l'employ de leur puissance,
Ayant porté ses soins sur la terre & les flots,
Ira gouster en paix les charmes du repos ;

Afin qu'y reprenans une vigueur nouvelle,
Il retourne aussi-tost où son peuple l'appelle.

　Ainsi lorsque mon char de la mer approchant,
Roule d'un pas plus viste aux portes du Couchant,
Aprés que j'ay versé dans tous les coins du monde
Les rayons bienfaisans de ma clarté feconde,
I'entre pour ranimer mes feux presqu'amortis
Dans l'humide sejour des grottes de Thetis,
D'où sortant au matin couronné de lumiere,
Ie reprens dans les Cieux ma course coustumiere.

　De tant de beaux sujets le spectacle charmant,
De vos Nymphes alors, sera l'estonnement,
Elles verront un jour ces Nymphes si sçavantes,
Que de simples mortels avec leurs mains pesantes,
Malgré l'obscurité des nuages épais,
Qui du jour eternel leur dérobe les traits,
Atteindront aux beautez du souverain exemple,
Non moins qu'elles dont l'œil, sans voile le contemple.
Les neuf divines Sœurs écoutant les chansons
Qu'entonneront alors leurs sçavans Nourissons,
En loüant des Heros les hautes entreprises,
D'un mesme étonnement se trouveront surprises:
Telle doit en ces temps de gloire & de grandeur,

LA PEINTURE.

De voſtre Art & du mien éclater la ſplendeur.

Là ſe teut Apollon, & la Nymphe ravie,
De voir de tant d'honneurs ſa Science ſuivie,
Se plaignit en ſon cœur des Deſtins envieux,
Qui remettoient ſi loin ce ſiecle glorieux.

Le Brun, c'eſt en nos jours que ſeront éclaircies
Du fidele Apollon les grandes propheties,
Puiſqu'enfin dans la France on voit de toutes parts
Fleurir le regne heureux des Vertus & des Arts.
Tu ſçais ce qu'on attend de ces rares Genies
Qui pour connoiſtre tout, ont leurs clartez unies,
Et pour qui deſormais la Nature & les Cieux
N'ont rien d'impenetrable à leur œil curieux.
De combien d'Amphions les ſçavantes merveilles,
De combien d'Arions les chanſons nompareilles,
Nous raviſſent l'eſprit par leurs aimables vers,
Et nous charment l'oreille au doux ſon de leurs airs ?
Mais il ſuffit de voir ce que ta main nous donne,
Ces chef-d'œuvres de l'Art, dont l'Art meſme s'étonne,
Et ce qu'en mille endroits de tes grands atteliers,
Travaille ſous tes yeux la main des Ouvriers.
C'eſt là que la Peinture avec l'or & la ſoye
Sur un riche tiſſu tous ſes charmes déploye

Et que sous le ciseau les metaux transformez
Imposent à la veuë, & semblent animez.
Sur ces travaux divers l'œil d'un regard avide
Admire le sçavoir de l'esprit qui le guide.
Mais ce qui plus encor les rendra precieux,
Est d'y voir figurez d'un soin industrieux,
Du plus grand des Heros les exploits memorables,
Sur tout dans ces tableaux à jamais admirables,
Où la sçavante aiguille a si naïvement
Tracé tout le détail de chaque evenement.

 Là d'un art sans égal se remarque dépeinte
Du Monarque des Lys la ferveur humble & sainte,
Lors qu'il reçoit les dons du baume precieux
Qu'autrefois à la France envoyerent les Cieux.

 Là les yeux sont charmez de l'auguste presence
De deux Princes rivaux qui jurent alliance
Et devenus amis, mettent fin aux combats
Qui depuis trente Estez desoloient leurs Estats.
LOVIS, le cœur touché d'une solide gloire,
Et vainqueur des appas qu'étalloit la Victoire,
Prefere sans regret le repos des sujets
Au bonheur asseuré de ses vaillans projets.

 Icy brille l'éclat de l'heureuse journée.

LA PEINTURE.

Où le sacré lien d'un illustre Hymenée,
Parmy les vœux ardens des peuples réjoüis,
Joint le cœur de TERESE à celuy de LOVIS.

   Là se voit l'heureux jour, qui fatal à la France,
Luy donne tous les biens qu'enferme l'esperance,
Faisant naistre un Dauphin en qui le Ciel a mis
Dequoy remplir le sort à la France promis.

   Sur un autre tableau s'apperçoit figurée
Dunkerque qui des mains de l'Anglois retirée,
Ouvre ses larges murs & le fonds de son cœur
A LOVIS son Monarque & son Liberateur.

   Ensuite on aperçoit la Nation fidele,
Qui pleine de respect, de chaleur & de zele,
A ce vaillant Heros vient ses armes offrir,
Et sous ses Estendarts, veut ou vaincre, ou mourir.

   Icy le fier Marsal, au seul éclair du foudre,
Se rend avant le coup qui l'eust reduit en poudre,
Et du courroux du Prince évitant le malheur,
Eprouve sa clemence au lieu de sa valeur.

   Icy devant les yeux de l'Europe assemblée,
L'Espagne reconnoist que de fureur troublée,
Elle a prés la Tamise épanché nostre sang
Et nous cede à jamais l'honneur du premier rang;

Au front de son Ministre on voit la honte empreinte,
Sur ceux des Estrangers la surprise & la crainte,
Dans les yeux des François brille l'aise du cœur,
Et dans ceux de LOVIS l'heroïque grandeur.

Icy pour expier une pareille offence
Rome vient de LOVIS implorer la clemence,
Promet d'en eslever d'eternels monumens,
Et le desarme ainsi de ses ressentimens.

Là le Rab étonné voit son onde rougie
De l'infidelle sang des peuples de Phrygie,
Que le bras des François par cent vaillans efforts
Au salut de l'Empire a versé sur ses bords.

Mais le Brun desormais il faut que tu t'apprestes
A donner à nos yeux ces fameuses conquestes,
Où le Prince luy-mesme au milieu des combats,
De son illustre exemple animoit les soldats
Où pareil aux torrens qui tombant des montagnes
Entraisnent avec eux les moissons des campagnes,
Il a d'un prompt effort fierement renversé
Tous les murs ennemis, où son cours a passé.

De tant de grands sujets un amas se presente,
Capables d'épuiser la main la plus sçavante,
Que sans doute étonné de ce nombre d'exploits,

LA PEINTURE. 205

Ta peine la plus grande, est d'en faire le choix
Mais gardes d'oublier, quand d'un pas intrepide,
On le vit affronter la tranchée homicide,
Qui surprise, trembla d'un si hardy dessein,
Au moment perilleux qu'il entra dans son sein.
C'est là qu'avec grand soin il faut qu'en son visage
Tu traces vivement l'ardeur de son courage,
Qui dans l'aspre danger ayant porté ses pas
Le fasse reconnoistre au milieu des soldats.
Fais-nous voir quand Doüay succombant à ses armes
TERESE y répandit la douceur de ses charmes,
Et de ses seuls regards fit naistre mille fleurs,
Où nagueres couloient & le sang, & les pleurs.
Quand l'Isle se voyant presque reduite en cendre,
Par le feu des assauts qui la force à se rendre,
Elle ouvre à son vainqueur ses murs & ses remparts,
Où gronde & fume encor le fier courroux de Mars;
En ce Prince elle voit tant de vertus paraistre,
Q'elle benit le Ciel de luy donner un maistre
Qu'au prix de plus de sang elle auroit deu vouloir,
Qu'elle n'en a versé pour ne le pas avoir.
  Sur tout que ta main prenne un pinceau de lumiere,
Pour tracer dignement sa victoire derniere,
Quand le cœur averty d'une secrette voix

Par le Demon qui veille au bonheur des François,
Il quitte tout à coup sa conqueste nouvelle,
Et courant sans relasche où la Gloire l'appelle,
Il suit les Ennemis qui chargeoient nos soldats,
Lassez & dépourveus du secours de son bras.
La terreur de son Nom qui devança ses armes,
Epandit dans les rangs de si vives alarmes
Qu'arrivant sur les lieux il trouva nos guerriers
Qui tous à pleines mains moissonnoient des lauriers :
Ces lions irritez redoublant leur courage,
Faisoient des Ennemis un si cruel carnage,
Qu'il connut que son Nom prevenant son grand cœur
Déroboit à son bras le titre de vainqueur,
Et qu'enfin la Victoire attendoit toute preste
Qu'il parust à ses yeux pour couronner sa teste.
   Ainsi quand au matin les ombres de la nuit
Combattent les rayons du premier jour qui luit,
A peine en arrivant la belle Avancouriere
Annonce le retour du Dieu de la lumiere,
Qu'on voit de toutes parts les ombres trebucher ;
Ou derriere les monts s'enfuir & se cacher.
   Cependant, cher le Brun, sçais-tu que cette gloire
Dont tu le vois paré des mains de la Victoire,

LA PEINTURE.

Qui ternit la splendeur des autres demy-Dieux,
Qui de son vif éclat éblouït tous les yeux,
Et fait qu'en le voyant l'ame presque l'adore.
Sçais-tu que cet éclat n'est encor que l'aurore,
Et le rayon naissant des beaux & des grands jours
Qu'il fera sur la Terre au plus haut de son cours.

  Ouy du Dieu que je sers les plus sacrez augures
Par qui l'ame entrevoit dans les choses futures,
Et les divins accords de nos saintes chansons,
Ne sont qu'un vain mensonge & d'inutiles sons,
Ou nous allons entrer dans un siecle de gloire,
Qui couvrira de honte, & la Fable, & l'Histoire,
Qui fameux & fertille en mille exploits divers
Portera sa lumiere au bout de l'Vnivers.

  Que je voy de combats & de grandes journées,
De remparts abatus, de batailles gagnées,
De triomphes fameux, & de faits tous nouveaux
Qui doivent exercer tes glorieux pinceaux!
Alors sans remonter au siecle d'Alexandre,
Pour donner à ta main l'essor qu'elle aime à prendre
Dans le noble appareil des grands Evenemens,
Dans la diversité d'Armes, de Vestemens,
De Païs, d'Animaux, & de Peuples étranges,

Les Exploits de LOUIS sans qu'en rien tu les changes,
Et tels que je les voy par le sort arrestez,
Fourniront plus encor d'étonnantes beautez,
Soit qu'il faille étaler sa guerriere puissance
Prés des murs de Memphis, de Suze & de Bisance ;
Soit qu'il faille tracer ses triomphes pompeux
Où suivront enchaisnez des Tyrans orgueilleux
Qui sur leur triste front auront l'image empreinte
D'une sombre fierté qui fléchit sous la crainte,
Et dont l'affreux regard de douleur abbatu,
Du glorieux Vainqueur publiera la vertu :
Où les Ours, les Lions, les Tigres, les Pantheres,
Redoutable ornement des Terres étrangeres,
Les riches vases d'or, & les meubles exquis
Marqueront les climats des Royaumes conquis.

 Voila les grands travaux que le Ciel te prepare,
Qui seront de nos jours l'ornement le plus rare,
Et des siecles futurs le tresor precieux,
Puisqu'on sçait que le temps, peintre judicieux,
Qui des Maistres communs les tableaux decolore,
Rendra les tiens plus beaux, & plus charmans encore,
Lors que de son pinceau secondant ton dessein
Il aura sur leurs traits mis la derniere main.

Ce

Ce fut ce qu'autrefois un sage & sçavant Maistre
Aux peintres de son temps sceut bien faire connoistre,
Il sceut par son adresse en convaincre leurs yeux
Et leur en fit ainsi l'emblême ingenieux.
 Il peignit un vieillard dont la barbe chenuë
Tomboit à flots épais sur sa poitrine nuë,
D'un sable diligent son front estoit chargé
Et d'ailes de Vautour tout son dos ombragé;
Prés de luy se voyoit une faux argentée
Qui faisoit peur à voir, mais qu'il avoit quittée
Pour prendre ainsi qu'un Maistre ébauchant un tableau,
D'une main une éponge, & de l'autre un pinceau.
Les chef-d'œuvres fameux, dont la Grece se vante,
Les tableaux de Zeuxis, d'Apelle & de Timante;
D'autres Maistres encor des siecles plus âgez,
Estoient avec honneur à sa droite rangez :
A sa gauche gisoient honteux & méprisables,
Des peintres ignorans les tableaux innombrables,
Ouvrages sans esprit, sans vie & sans appas
Et qui blessoient la veuë, ou ne la touchoient pas.
Sur les uns le Vieillard, à qui tout est possible,
Passoit de son pinceau la trace imperceptible.
D'une couche legere alloit les brunissant,

S

LA PEINTURE.

Y marquant des beautez, mesme en les effaçant;
Et d'un noir sans égal fortifiant les ombres,
Les rendoit plus charmans, en les rendant plus sombres,
Leur donnoit ce teint brun qui les fait respecter
Et qu'un pinceau mortel ne sçauroit imiter.
Sur les autres tableaux d'un mépris incroyable,
Il passoit sans les voir l'éponge impitoyable,
Et loin de les garder aux siecles à venir
Il en effaçoit tout jusques au souvenir.

 Mais le Brun, si le Temps dans la suite des âges,
Loin de les effacer embellit tes ouvrages,
Et si ton art t'éleve au comble de l'honneur,
Sçache que de LOUIS t'est venu ce bonheur.

 Quand le Ciel veut donner un Heros à la terre
Aimable dans la paix, terrible dans la guerre,
Dont le nom soit fameux dans la suite des ans,
Il fait naistre avec luy des hommes excellens,
Qui sont par leurs vertus, leur courage & leur zele,
Les dignes instrumens de sa gloire immortelle,
Et qui pour son amour l'un de l'autre rivaux
Le suivent à l'envy dans ses rudes travaux:
De là nous sont donnez ces vaillans Capitaines
Qui semant la terreur dans les Belgiques plaines

LA PEINTURE.

Et courant aux dangers sur les pas de LOVIS,
Secondent de leurs bras ses Exploits inoüis.
De là viennent encor, & prennent leur naissance
Ces Nestors de nos jours, dont la rare prudence
Travaillant sous le Prince au bien de ses Sujets
Execute avec soin ses glorieux projets.

   De là nous est donné cet homme infatigable
Cet homme d'un labeur à jamais incroyable,
Qui sans peine remplit les employs les plus hauts
Qui sans peine descend jusqu'aux moindres travaux,
Qui l'esprit éclairé d'une lumiere pure,
Voit tout, agit par tout ; semblable à la Nature
Dont l'ame répanduë en ce vaste Vnivers
Opere dans les Cieux, sur la Terre & les Mers
Où paroist sa sagesse en merveilles fertile
Et dans le mesme temps sur le moindre reptile
Fait voir tant de travail, que nos regards surpris
Ne peuvent concevoir les soins qu'elle en a pris.

   Mais le Ciel non content que du Heros qu'il donne
Par mille grands Exploits la vertu se couronne,
Il forme en mesme temps par ses seconds regards
Des hommes merveilleux dans tous les plus beaux Arts,
Afin qu'en cent façons ils celebrent sa gloire,

LA PEINTURE.

Et que de ses hauts faits conservant la memoire.
Des vertus du Heros la brillante clarté
Serve encor de lumiere à la posterité.
De là nous sont venus tant de doctes Orphées
Qui chantent de LOUIS les glorieux trophées,
Apollon de ses feux anime leurs efforts
Et leur inspire à tous ces merveilleux accords :
De là vient que le Ciel au gré de la Nature
A voulu qu'en nos jours la charmante Peinture
T'ayt mis au premier rang de tous les favoris
Que dans le cours des ans elle a le plus chers,
T'ayt donné de son Art la science profonde,
Ayt caché dans ton sein cette source feconde
De traits ingenieux, de nobles fictions
Et le fons infini de ses inventions.

 Ainsi donc qu'à jamais ta main laborieuse
Poursuive de LOUIS l'histoire glorieuse,
Sans qu'un autre labeur, ny de moindres tableaux
Profanent desormais tes illustres pinceaux ;
Songe que tu luy dois tes traits inimitables,
Qu'il y va de sa gloire, & qu'enfin tes semblables
Appartiennent au Prince, & luy sont reservez
Ainsi que les tresors sur ses terres trouvez.

LA PEINTURE.

Et vous, Peintres sçavans, heureux depositaires
Des secrets de la Nymphe & de ses saints mysteres
Dont par vostre discours, & les traits de vos mains
Se répand la lumiere au reste des humains
D'hommes tous excellens, sage & docte assemblée   L'Acade-
Que les bontez du Prince ont de grace comblée.   mie
De ce Roy sans égal vous sçavez les hauts faits,   Royalle
Vous voyez devant vous ses superbes Palais,   de Pein-
Allez, & que par tout vos pinceaux se répandent   ture &
Pour donner à ces lieux les beautez qu'ils demandent,   Sculpture.
Que là, vostre sçavoir par mille inventions
Parle de ses vertus & de ses actions ;
Mais que les mesmes traits qui marqueront sa gloire
De vos noms à jamais conservent la memoire,
Et que de tous les temps les tableaux plus vantez,
Par vos nobles travaux se trouvent surmontez :
Montrez que de vostre Art la science est divine,
Et qu'il tire des Cieux sa premiere origine.
Quelques profanes voix ont dit que le hazart
Aux premiers des mortels enseigna ce bel Art,
Et que quelques couleurs bizarement placées
Leur en ont inspiré les premieres pensées,
Mais qu'ils sçachët qu'Amour le plus puissant des Dieux

S iij

Le premier aux humains fit ce don precieux,
Qu'à sa main liberale en appartient la gloire,
Et pour n'en plus douter, qu'ils en sçachent l'histoire.
 Dans l'Isle de Paphos fut un jeune Estranger
Qui vivoit inconnu sous l'habit d'un Berger,
La Nature avec joye & d'un soin favorable
Amassant en luy seul tout ce qui rend aimable
Avec tant d'agrémens avoit sçeu le former
Que ce fut mesme chose & le voir & l'aimer.
Des Eaux & des Forests les Nymphes les plus fieres,
Sans attendre ses vœux, parlerent les premieres,
Mais son cœur insensible à leurs tendres desirs,
Loin de les écouter, meprisa leurs soûpirs.
Entre mille beautez, qui rendirent les armes
Vne jeune Bergere eut pour luy mille charmes
Et de ses doux appas luy captivant le cœur
Eut l'extréme plaisir de plaire à son vainqueur;
L'aise qu'elle sentit d'aimer & d'estre aimée,
Accrut encor l'ardeur de son ame enflamée.
Soit que l'Astre des Cieux vienne allumer le jour
Soit que dans l'Ocean il finisse son tour
Il la voit de l'esprit, & des yeux attachée
Sur le charmant objet dont son ame est touchée;

LA PEINTURE.

Et la Nuit, quand des Cieux elle vient s'emparer,
Sans un mortel effort ne l'en peut separer.
  Pour la seconde fois la frilleuse Irondelle
Annonçoit le retour de la saison nouvelle,
Lors que de son bon bonheur le destin envieux
Voulut que son Berger s'éloignast de ces lieux.
La nuit qui preceda cette absence cruelle
Il vint voir sa Bergere, & prendre congé d'elle,
Se plaindre des rigueurs de son malheureux sort
Et de ce dur départ plus cruel que la mort.
Elle passe, abbatuë & de larmes baignée
Deplore en soûpirant sa triste destinée,
Et songeant au plaisir qu'elle avoit de le voir,
Ne voit dans l'avenir qu'horreur & desespoir.
Encor s'il me restoit de ce charmant visage
Quelque trait imparfait, quelque legere image,
Ce départ odieux, disoit-elle en son cœur,
Quelque cruel qu'il soit, auroit moins de rigueur.
Amour qui sçais ma flame & les maux que j'endure,
N'auras-tu point pitié de ma triste avanture;
Je ne demande pas la fin de mon tourment,
Mais helas! donne-moy quelque soulagement.
Sur l'aile des soûpirs la priere portée

Du tout-puissant Amour ne fut point rejetée:
  Sur le mur opposé la lampe en ce moment
Marquoit du beau garçon le visage charmant,
L'éblouissant rayon de sa vive lumiere
Serrant de toutes parts l'ombre épaisse & grossiere.
Dans le juste contour d'un trait clair & subtil,
En avoit nettement designé le profil.
Surprise elle aperçoit l'image figurée,
Et se sentant alors par l'Amour inspirée,
D'un poinçon par hazard sous ses doits rencontré,
Sa main qui suit le trait par la lampe montré,
Arreste sur le mur promptement & sans peine,
Du visage chery la figure incertaine;
L'Amour ingenieux, qui forma ce dessein,
Fut vû dans ce moment luy conduire la main.
Sur la face du mur marqué de cette trace
Chacun du beau Berger connut l'air & la grace,
Et l'effet merveilleux de cet évenement
Fut d'un Art si divin l'heureux commencement.

  Par la Nymphe aux cent voix la charmante Peinture
Instruite du succés d'une telle avanture,
Vint apprendre aux mortels mille secrets nouveaux
Et leur montra si bien, comment dans les tableaux

Les

LA PEINTURE.

Les diverses couleurs doivent estre arrengées,
En suite au gré du jour plus ou moins ombragées;
Comment il faut toucher les contours & le trait,
Et tout ce qui peut rendre un ouvrage parfait,
Qu'enfin l'Art est monté par l'étude & l'exemple
A ce degré supréme où nostre œil le contemple,
Digne de la grandeur du Roy que nous servons,
Digne de la splendeur du siecle où nous vivons.

L'AMOUR GODENOT.

Pendant que Godenot fin, & rusé matois
  Fait de si jolis tours avecque tant de grace,
Voyez-vous bien l'Amour plus rusé mille fois
Qui fait de son costé cent tours de passe-passe :
    Sa main tient un cœur amoureux
    Qu'il vient de partager en deux
    D'un souffle de coquetterie ;
Voyez cet autre tour, il n'est pas si commun
    De deux cœurs il n'en fera qu'un
    Par la poudre de sympathie.

    Qu'il se jouë agreablement
Et qu'avec luy le temps se passe doucement...
Mais helas, belle Iris, je me suis laissé prendre
    Et n'ay pu m'en deffendre.
Ce petit Charlatan me voyant attentif
A voir vos yeux si doux & vostre teint si vif
M'a dérobé mon cœur par un tour de souplesse,
    Sans que je m'en sois aperceu ;
    Peut-estre avec la mesme adresse
L'a-t'il mis en vos mains sans que vous l'ayez veu.

LES NEUF MUSES.

LA noble Calliope en ses vers serieux
Celebre les hauts faits des vaillans demy-dieux;
L'équitable Clio qui prend soin de l'Histoire,
Des illustres mortels éternise la gloire;
L'amoureuse Erato d'un plus simple discours
Conte des jeunes gens les diverses amours;
La gaillarde Thalie incessamment folastre,
Et de propos bouffons réjoüit le Theatre;
La grave Melpomene en la scene fait voir
Des Rois qui de la Mort éprouvent le pouvoir;
L'agile Terpsicore aime sur tout la danse,
Et se plaist d'en regler le pas & la cadance;
Euterpe la rustique à l'ombre des ormeaux
Fait retentir les bois de ses doux chalumeaux;
La docte Polymnie en l'ardeur qui l'inspire
De cent sujets divers fait raisonner sa lire;
Et la sage Vranie éleve dans les Cieux
De ses pensers divins le vol audacieux.

SUR LA PRISE DE MARSAL.
SONNET.

Monarque le plus grand que revere la Terre,
Et dont l'auguste nom se fait craindre en tous lieux,
Prés de toy le pouvoir des plus ambitieux
A moins de fermeté que l'argile & le verre ;

Marsal qui se vantoit de te faire la guerre,
Baissant à ton abord son front audacieux,
Dés le premier éclair qui luy frappe les yeux,
Se rend & n'attend pas le coup de ton tonnerre.

Si sa fierté rebelle eust irrité ton bras,
Qu'il se fust signalé par de fameux combats !
Et qu'il m'eust esté doux d'en celebrer la gloire !

Mais ma Muse déja commence à redouter
De ne te voir jamais remporter la victoire
Pour manquer d'ennemis qui t'osent resister.

SVR VNE BELLE VOIX.
MADRIGAL.

Lors qu'Iris charme nos oreilles
Ne craignons point pour nostre liberté,
On peut en toute seureté
Gouster avec plaisir de si douces merveilles.
Ce n'est pas que sa voix qui charmeroit les Dieux,
Pour captiver un cœur ne soit que trop puissante,
Mais c'est que devant qu'elle chante
Tout est déja vaincu par les traits de ses yeux.

REMERCIEMENT
à Messieurs de l'Academie Françoise.
Prononcé le 23. Novembre 1671.

M ESSIEURS,

Quand je considere l'honneur que je reçois d'entrer dans cette illustre Compagnie, & qu'en mesme temps je pense combien je merite peu cette grace, je ne sçay laquelle est plus grande en moy ou de la joye que j'en ressens ou de la confusion que j'en ay : Aussi, Messieurs, ay-je douté long-temps si je ne ferois pas mieux de ne pas rechercher un avantage, qui en demande tant d'autres que je n'ay point. Mais j'ay crû que si je n'excelle pas dans la profession des belles Lettres, la passion extraordinaire que j'ay pour elles me tiendroit lieu de quelque merite, & pourroit me suffire elle seule pour estre reçû parmy vous, de mesme qu'il suffit pour estre Philosophe d'avoir l'amour de la sagesse. Ce qui pourroit encore justifier ma hardiesse & vostre choix tout ensemble, c'est que du moins je me puis vanter de bien connoistre le prix de la grace que vous me faites. Je sçay que j'entre en societé avec les plus eloquens, les plus ingenieux & les plus sçavans hommes de

DE L'ACADEMIE FRANCOISE.

nostre siecle, que le seul amour des Lettres a unis ensemble, & que le seul merite a distingué des autres. Je sçay que vous estes les veritables dispensateurs de la gloire, establis pour donner à la vertu la plus belle recompense qu'elle puisse recevoir hors d'elle-mesme, & pour immortaliser les actions des Heros, pendant que celles de tous les autres hommes tombent dans les tenebres eternelles de l'oubly. Car, Messieurs, je suis persuadé que la posterité éloignée ne parlera que de vous ou de ceux dont vous aurez parlé. Quand le Cardinal de Richelieu, cet homme dont on peut dire que la passion dominante estoit de faire éclater la grandeur de son Maistre & celle de sa Patrie; quand dis-je ce grand personnage jetta les fondemens de cette Compagnie, peu de gens virent comme luy le merite de l'action qu'il faisoit; on la regarda comme une marque de son amour pour les belles Lettres; on le loüa, peut-estre, d'avoir trouvé le temps d'y penser parmy ses importantes occupations, & l'on admira que ce grand Genie chargé de tant d'affaires & occupé à mettre l'ordre dans toutes les parties du Royaume, estendist encore ses soins à ce qui regarde la beauté du discours & l'arrengement des paroles. Mais il avoit toute une autre pensée de l'establissement de cette Compagnie, & il le regarda sans doute non seulement comme une chose tres-glorieuse en elle-mesme, mais comme celle de ses actions qui conserveroit la gloire de toutes les autres: Il sçavoit que les loüanges de la Cour & les acclamations du peuple ne laissent aucune trace qui demeure après elles, & que la Renommée se taist avec autant de soin des grands évenemens, quand une fois ils sont passez, qu'elle prend de peine à les publier & à en faire du bruit au moment qu'ils arrivent; il jugea donc que les seuls ouvrages de l'esprit estant immortels, il falloit élever & former des Ouvriers capables d'en faire d'excellens qui portassent dans les siecles à venir la gloire de son Prince & la memoire des services qu'il luy rendoit. Et parce que le temps altere toutes choses, il souhaita par un effet de sa prudence, que la Compagnie s'occupast sans relasche à polir nostre Langue & à la fixer autant qu'il se pourroit, pour empescher de vieillir les Ouvrages qui seroient faits de son temps, & oster aux siecles suivans tout moyen de leur nuire, par l'impuissance de porter la pureté du langage à une plus haute perfection. Il est donc vray que ce grand Personnage regarda l'établissement de cette Compagnie comme une chose tres-importante. C'est dans cette pensée que Monseigneur le Chancelier, le veritable Nestor de nostre siecle, moins encore par son âge que par son eloquence toute puissante & sa prudence consommée, veut quelquefois estre present à vos conferences, & donne avec joye à la direction de ce Corps une partie des soins qu'il employe si utilement au bien de tout l'Estat. C'est dans cette mesme veuë que les hommes de la premiere dignité & de la plus haute élevation ont ambitionné d'estre vos Confreres, & ont crû que la qualité d'Academicien ajousteroit quelque nouvel éclat aux glorieux titres dont ils sont revestus; Et certainement, Messieurs, s'il y a quelque chose dans le Regne passé qui puisse estre envié par le Regne present, où rien ne s'obmet de ce qui peut faire fleurir les belles connoissances & les beaux Arts, où la liberalité du Prince se répand sur tous les gens de Letres qui donnent quelque marque d'une suffisance extraordinaire, où nous voyons s'élever l'Illustre Academie des Sciences, en laquelle l'Astronomie, la Geometrie & la Physique ne trouvent rien ny dans les cieux, ny sur la terre qui échape à leur connoissance; où d'autres Academies encore nous forment des Apelles, des Phidias & des Vitruves: S'il y avoit, dis-je, quelque chose que le Regne present pust envier au Regne passé, ce seroit l'establissement de cette Illustre Compagnie. Mais on ne pouvoit commencer trop tost à polir & à perfectionner une langue qui aparemment doit estre un jour celle de toute l'Europe, & peut-estre de tout le monde; & sur tout d'une Langue qui doit parler de Louis quatorziéme. On ne pouvoit trop tost former des Orateurs, des Poëtes & des Historiens pour celebrer ses grandes actions. En effet, Messieurs, quelques riches que soient les talens que chacun de vous possede, il y a dequoy les employer tous, il y a dequoy les épuiser. Car quels sujets de Poëme sa valeur & ses exploits militaires ne fourniront-ils point à tous les Poëtes, qui sans le secours de la fable & de la fiction y trouveront l'heroïque & le merveilleux : Quelle moisson de loüanges ne rencontreront point les Orateurs dans les autres vertus de ce Prince, dont le simple recit formera des Eloges & des Panegiriques ? Quel amas d'évenemens memorables & de faits éclatans pour ceux qui prendront soin de l'Histoire ? quelle doit estre la force de leur stile pour répondre à la dignité de leur matiere, & de quel art n'auront-ils pas besoin pour accorder la vray-semblance avec la verité, & faire croire au siecle avenir ce que nous avons de la peine à concevoir, quoy que nous le voyïons. En effet, Messieurs, quand ce grand Prince commença à prendre luy-mesme le soin de ses affaires, il sembla que Dieu nous le donnoit une seconde fois, formé de sa main & remply de cette sagesse qui fait regner les Rois; & on le vit paroistre dans son conseil avec des lumieres plus vives & plus penetrantes, que celles de tous ceux qu'il y avoit appelez. Quand la juste poursuite de ses droits l'obligea d'entreprendre la guerre, ses Generaux & ses Capitaines les plus experimentez furent surpris de se voir moins sçavans que luy dans le mestier de la guerre & dans l'exercice de la discipline militaire; & l'on sçait qu'il leur enseigna une maniere rapide de conquerir dont leur experience, ny l'Histoire mesme ne leur fournissoit aucun exemple. Je ne parle point de sa valeur ny de son intrepidité dans les hazards, qui a fait trembler tant de fois, quoy que diversement, ses sujets & ses ennemis, ce sont des vertus ordinaires aux Heros. Mais vous, Messieurs, qui connoissez toutes les beautez & toutes les graces du discours, qui sçavez la peine qu'il y a de les acquerir, quelle a esté vostre surprise de le voir posseder ce precieux don de la parole en un degré de perfection, où personne n'est peut-estre jamais arrivé par la voye de l'étude & des preceptes ? Qu'il me soit permis d'ajouster à ce que je viens de dire un nouveau sujet d'étonnement, parce qu'il est d'une chose qui est plus de ma connoissance que toutes les autres : c'est, Messieurs, qu'il n'y a rien dans les beaux Arts dont il ne voye, dont il ne penetre toutes les graces & toutes les delicatesses qui ne sont connuës que des Maistres; tant il est vray que lorsque le bon sens, ou pour mieux dire la sagesse se trouve au souverain degré dans une ame, elle luy tient lieu de toutes les sciences que les hommes n'ont inventées que pour suppléer au defaut de cette sagesse. Ainsi donc, Messieurs, je regarde ce Grand Monarque comme un modele parfait & achevé, dont tous les aspects sont admirables, & qui est mis au milieu de vous pour en tirer des images fideles qui ne perissent jamais; afin que les actions de ce Prince, qui font la felicité presente de ses peuples, deviennent encore utiles à la posterité, par les grands exemples qu'elles donneront aux Princes des siecles avenir. Voila le digne objet de vos travaux & de vos veilles. Pour moy, Messieurs, je m'efforceray avec le secours de vos doctes Conferences, de vous suivre de loin, & de meriter avec le temps la place qu'il vous a plû me donner aujourd'huy dans cette Illustre Compagnie.

COMPLIMENT DE L'ACADEMIE Françoise fait à Madame la Chanceliere en quittant l'Hôtel Seguier où elle s'assembloit, pour aller tenir ses Conferences au Louvre, le May 1672.

Madame,

Quelque glorieux qu'il soit à l'Academie Françoise d'estre appelée au Louvre pour y tenir ses Conferences; il est tres-vray neantmoins qu'elle ne quitte qu'avec douleur le lieu où elle les a tenuës jusqu'icy avec tant de douceur & de satisfaction. Il luy arrive, Madame, comme à ceux qui quittent leur pays natal, pour passer en d'autres pays plus riches & plus abondans & où la fortune leur offre un establissement considerable, quelques beaux & delicieux que ces pays puissent estre, ils ne leur ostent point le regret de la patrie, & jamais ils ne forment dans leur esprit une idée aussi agreable que celle des lieux bien-aimez où ils ont passé les premieres années de leur vie. S'il est vray, Madame, que ce sentiment si naturel à tous les hommes soit particulierement fondé sur le souvenir des assistances & des caresses qu'ils ont reçûës de leurs parens, quel doit estre le ressentiment de la Compagnie aprés les marques de bonté & de tendresse qu'elle a reçûës de son illustre Protecteur, qui a toujours eu pour elle toute l'affection d'un veritable pere. Je ne m'arresteray point, Madame, à exagerer les obligations que nous luy avons, moins encore à vous parler de ses vertus & de ses qualitez extraordinaires, qui seront à jamais l'admiration des siecles à venir ; cela a esté traité trop dignement par ceux de la Compagnie qui ont fait son eloge pour y toucher aprés eux, je diray seulement que pour bien connoistre la grandeur de la perte que nous faisons, il ne faut que considerer quelle est la consolation que le Ciel donne à nostre douleur. L'Academie Françoise pert son protecteur en la personne de Pierre Seguier, elle le trouve en la personne de Louis XIV. Elle se voit obligée de quitter cette demeure bien aimée, & on la meine au Louvre pour y continuer ses exercices academiques, comme si la protection qu'elle perd en Monseigneur le Chancelier ne pouvoit estre bien reparée, que par celle du plus grand Roy du monde, & qu'elle ne pust passer dignement de cet Hostel en un moindre lieu que le plus superbe & le plus celebre Palais de l'Univers. Mais, Madame, si l'Academie Françoise a le déplaisir de quitter les lieux où vous l'avez reçûë si obligemment, mesme dans les jours de vostre affli-

A MADAME LA CHANCELIERE.

ction & de la sienne, elle demande en grace qu'elle ne sorte pas de vostre souvenir. Et comme de son costé elle conservera eternellement la memoire des obligations infinies dont vous l'avez comblée, elle vous supplie, Madame, que vous la consideriez toujours comme une Compagnie qui vous est dévoüée entierement, & dont tous les particuliers qui la composent font gloire d'estre vos tres-humbles & tres-obeïssans Serviteurs.

COMPLIMENT DE L'ACADEMIE
Françoise fait au Roy à son retour de la Campagne de Hollande, le 13. Aoust 1672.

SIRE,

Il n'y a personne qui voyant aujourd'huy l'Academie Françoise se presenter à Vostre Majesté, ne croye qu'elle vient la remercier de la grande & illustre matiere qu'elle donne à ses Historiens, à ses Orateurs & à ses Poëtes, & luy promettre en mesme temps l'immortalité qui est dûë à tant de belles actions. Cependant, SIRE, l'Academie se trouve dans une disposition toute contraire : Elle vient, si elle ose le dire à Vostre Majesté, Elle vient se plaindre du trop grand nombre & de la trop grande beauté de vos exploits, qui la mettent dans l'impuissance de les égaler jamais par la parole, & bien loin qu'elle pretende leur donner l'immortalité, elle vient reconnoistre sincerement que ce seront ces mesmes exploits qui donneront l'immortalité à ses ouvrages. Car s'il est vray, SIRE, que la posterité la plus éloignée recherche avec soin & lise avec plaisir ces Odes, ces Eloges & ces Panegyriques qui celebrent vos loüanges, ce sera principalement parcequ'elle y trouvera le Nom auguste de Vostre Majesté, qui sera eternellement son admiration & ses delices. Tous ses monumens élevez à vostre gloire, bien qu'ils semblent n'estre faits que pour la conserver, seront eux-mesmes conservez par vostre gloire; semblables à ces figures que l'Architecture employe dans ses ornemens, qui sont portées & retenuës par l'edifice mesme qu'elles paroissent soustenir. Il ne reste donc, SIRE, à l'Academie Françoise qu'à tascher de ne point avilir la matiere precieuse que luy fournissent vos grandes actions, & d'en tirer des images fidelles sans y employer l'exageration qui luy sera desormais inutile : Elle espere d'autant plus reüssir dans ce dessein, qu'elle se voit soustenuë de la protection toute puissante de vostre Nom, & qu'elle se voit aussi appellée dans la demeure sacrée de Vostre Majesté. Cette derniere grace, SIRE, a rendu les Muses bien glorieuses : Elles n'ont jamais si bien crû, ny à si bon titre estre filles de Jupiter ; mais il estoit juste de leur élever le courage, ayant à leur demander des choses qui en veulent tant pour estre entreprises & pour estre bien executées. Elles y feront, SIRE, tous leurs efforts, & si la force leur manque, du moins ne manqueront-elles jamais ny de zele ny de reconnoissance.

V.

LE LABYRINTHE
de Versailles.

ENtre les beautez presque infinies qui composent la superbe & agreable Maison de Versailles, le Labyrinthe en est une, qui peut-estre n'éblouït pas d'abord extremement, mais qui estant bien considerée, a sans doute plus de charmes & plus d'agrémens que pas une autre. C'est un carré de jeune bois fort épais & touffu, coupé d'un grand nombre d'allées qui se confondent les unes dans les autres avec tant d'artifice, que rien n'est si facile ny si plaisant que de s'y égarer. A chaque extremité d'allée, & par tout où elles se croisent, il y a des fontaines, de sorte qu'en quelque endroit qu'on se trouve on en voit toujours trois ou quatre & souvent six ou sept à la fois. Les bassins de ces fontaines, tous differens de figure & de dessein, sont enrichis de rocailles fines & de coquilles rares, & ont pour ornement divers animaux, qui representent les plus agreables fables d'Esope. Ces animaux sont si bien faits au naturel, qu'ils semblent estre encore dans l'action qu'ils representent, on peut dire mesme qu'ils ont en quelque façon la parole que la fable leur attribuë, puisque l'eau qu'ils se jettent les uns aux autres, paroist non seulement leur donner la vie & l'action, mais leur servir aussi comme de voix pour exprimer leurs passions & leurs pensées.

Quoyque ces fables n'ayent esté choisies entre plusieurs autres, que parce qu'elles ont esté trouvées plus propres pour servir d'ornement à des fontaines (ce qu'elles font avec un succez incroyable) on a encore trouvé depuis, qu'elles renfermoient toutes quelque moralité galante. Ce mistere auquel on ne s'attendoit pas, joint aux charmes & aux agrémens sans exemple de ce lieu delicieux, beaucoup plus grands que l'on ne se l'estoit promis, ont fait dire à quelques gens que l'Amour luy-mesme s'en estoit meslé, & ce qu'ils disent n'est pas sans apparence. Ils asseurent que ce petit Dieu ayant rencontré un jour Apollon qui se promenoit dans les beaux Jardins de Versailles, qu'il aime maintenant plus qu'il n'a jamais aimé l'isle Delos, luy parla de cette maniere. Je voy que toutes choses se font icy sous vostre nom, & si je ne me trompe, sous vostre conduite; car je remarque tant de grandeur & tant d'esprit dans les divers ouvrages de cette Maison admirable, que les Arts mesmes avec toutes leurs lumieres ne les auroient jamais pû faire, s'ils n'avoient esté élevez & soutenus par une intelligence plus qu'humaine, & telle que la vostre. Vous m'avoüerez que les siecles passez n'ont rien fait de

V. ij

semblable, & que les excellens ouvrages de sculpture, qui vous representent icy, soit lors que vous sortez du sein des Eaux, pour éclairer la Terre, soit lors que vous vous-delassez dans les grottes de Thetis aprés vos grands travaux ; Vous m'avoüerez, dis-je, que ces figures vous font plus d'honneur que toutes celles que l'Antiquité vous a jamais consacrées. Vous estes bien honneste, répondit Apollon, de me donner toute la gloire de ces chef-d'œuvres, sçachant la part que vous y avez. Quoy qu'il en soit, reprit l'Amour, je vous en laisse toute la gloire & consens que vous ordonniez de toutes choses, pourveu que vous me laissiez la disposition du Labyrinthe que j'ai- me avec passion, & qui me convient tout à fait. Car vous sçavez que je suis moy-mesme un labyrinthe, où l'on s'égare facilement. Ma pensée seroit d'y faire quantité de fontaines, & de les orner des plus ingenieuses fables d'Esope, sous lesquelles j'enfermerois des leçons & des maximes pour la conduite des amans; en sorte que comme ces divers ornemens de fontaines serviront à faire retrouver l'issuë du Labyrinthe à ceux qui s'y seront égarez, mes maximes contenuës sous ces fables, serviront aussi aux amans pour se tirer d'une infinité d'embarras où ils se trouvent tous les jours. Je voudrois aussi que la figure d'Esope & la mienne fussent mises à l'entrée du Labyrinthe, luy comme Auteur des fables, & moy comme Auteur des moralitez, je croy que ces deux figures, l'une d'un jeune garçon, aussi beau qu'on a accoustumé de me peindre ; & l'autre d'un homme aussi laid qu'Esope, feroient un contraste qui ne seroit pas desagreable. Voicy, poursuivit-il, les Fables que j'ay choisies, & les Moralitez que j'y ay faites.

Ceux qui racontent cette histoire, disent que l'Amour fit voir à Apollon les Fables & les Moralitez qui suivent, qu'Apollon trouva le tout fort à son gré, & qu'il promit à l'Amour d'y faire travailler avec tout le soin & toute la diligence imaginable.

VERS POUR METTRE dans le piedestail de la Figure d'Esope.

Avec mes animaux pleins de ruse & d'adresse,
Qui de vos mœurs font le vivant portrait;
Je voudrois bien enseigner la sagesse,
Mais mon voisin ne veut pas qu'on en ait.

VERS POUR METTRE dans le piedestail de la Figure de l'Amour.

Je veux qu'on aime, & qu'on soit sage,
C'est estre fou que n'aimer rien;
Chaque animal le dit en son langage,
Il ne faut que l'écouter bien.

DE VERSAILLES.

I.
LE DUC ET LES OISEAUX.

UN jour le Duc fut tellement battu par tous les Oyseaux, à cause de son vilain chant & de son laid plumage, que depuis il n'a osé se montrer que la nuit.

Tout homme avisé qui s'engage
Dans le Labyrinthe d'Amour,
Et qui veut en faire le tour,
Doit estre doux en son langage,
Galand, propre en son équipage,
Sur tout nullement loup-garou.
Autrement toutes les femelles
Ieunes, vieilles, laides & belles,
Blondes, brunes, douces, cruelles,
Se jetteront sur luy comme sur un Hibou.

I I.

LES COQS ET LA PERDRIX.

UNe Perdrix s'affligeoit fort d'estre batuë par des Coqs; mais elle se consola, ayant veu qu'ils se battoient eux-mesmes.

Si d'une belle on se voit maltraitter
Les premiers jours qu'on entre à son service;
    Il ne faut pas se rebuter :
Bien des Amans, quoy qu'Amour les unisse,
Ne laissent pas de s'entrepicoter.

DE VERSAILLES.

III.

LE COQ ET LE RENARD.

UN Renard prioit un Coq de descendre, pour se réjoüir ensemble de la paix faite entre les Coqs & les Renards; volontiers dit le Coq, quand deux levriers que je voy, qui en apportent la nouvelle seront arrivez. Le Renard remit la réjoüissance à une autre fois & s'enfuit.

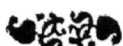

Un rival contre vous est toujours enragé ;
S'y fier est chose indiscrette,
Quelque amitié qu'il vous promette,
Il voudroit vous avoir mangé.

IV.

LE COQ ET LE DIAMANT.

UN Coq ayant trouvé un Diamant, dit, j'aimerois mieux avoir trouvé un grain d'orge.

*A*Insi jeune beauté, mignonne & delicate,
 Gardez-vous bien de tomber sous la patte
  D'un brutal qui n'ayant point d'yeux
Pour tous les beaux talens dont vostre esprit éclatte,
  Aimeroit cent fois mieux
  La moindre fille de village,
  Qui seroit plus à son usage.

DE VERSAILLES.

V.

LE CHAT PENDU ET LES RATS.

UN Chat se pendit par la patte, & faisant le mort, attrapa plusieurs Rats. Une autre fois il se couvrit de farine. Un vieux Rat luy dit, quand tu serois mesme le sac de la farine, je ne m'approcherois pas.

*L*E plus seur bien souvent est de faire retraite,
Le Chat est Chat, la Coquette est Coquette.

VI.

L'AIGLE ET LE RENARD.

UNe Aigle fit amitié avec un Renard, qui avoit ses petits au pied de l'arbre où estoit son nid ; l'Aigle eut faim & mangea les petits du Renard qui ayant trouvé un flambeau allumé mit le feu à l'arbre & mangea les Aiglons qui tomberent à demy rostis.

IL n'est point de peine cruelle
Que ne merite un infidelle.

DE VERSAILLES.

VII.

LES PAONS ET LE GEAY.

LE Geay s'estant paré un jour des plumes de plusieurs Paons, vouloit faire comparaison avec eux, chacun reprit ses plumes, & le Geay ainsi dépoüillé, leur servit de risée.

Qui n'est pas né pour la galanterie,
 Et n'a qu'un bel air emprunté,
 Doit s'attendre à la raillerie,
Et que des vrais galans il sera bagnoüé.

LE LABYRINTHE

VIII.

LE COQ ET LE COQ D'INDE.

UN Coq d'Inde entra dans une Cour en faisant la rouë. Un Coq s'en offensa & courut le combatre, quoy qu'il fust entré sans dessein de luy nuire.

D'Aucun rival il ne faut prendre ombrage,
  Sans le connoistre auparavant :
Tel que l'on croit dangereux personnage
  N'est qu'un fanfaron bien souvent.

DE VERSAILLES.

IX.

LE PAON ET LA PIE.

LEs Oiseaux élûrent le Paon pour leur Roy à cause de sa beauté. Une Pie s'y opposa, & leur dit ; qu'il falloit moins regarder à la beauté qu'il avoit qu'à la vertu qu'il n'avoit pas.

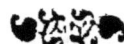

Pour meriter le choix d'une jeune merveille,
N'en déplaise à maint jouvenceau
Dont le teint est plus frais qu'une rose vermeille,
Ce n'est pas tout que d'estre beau.

X.

LE DRAGON, L'ENCLUME, & la Lime.

UN Dragon vouloit ronger une Enclume, une Lime luy dit tu te rompras plustost les dents que de l'entamer. Je puis moy seule avec les miennes te ronger toy-mesme & tout ce qui est icy.

*Quand un galand est fasché tout de bon
  En vain l'amante se courrouce,
Elle ne gaigne rien de faire le Dragon,
  Plus feroit une Lime douce.*

DE VERSAILLES.

XI.
LE SINGE ET SES PETITS.

UN Singe trouva un jour un de ses petits si beau, qu'il l'étouffa à force de l'embrasser.

*M*ille exemples pareils nous font voir tous les jours,
   Qu'il n'est point de laides amours.

XII.

LE COMBAT DES OYSEAUX.

LEs Oyseaux eurent guerre avec les Animaux terrestres. La Chauve-souris croyant les Oyseaux plus foibles, passa du costé de leurs ennemis qui perdirent pourtant la bataille. Elle n'a osé depuis retourner avec les Oyseaux & ne vole plus que la nuit.

Quand on a pris parti pour les yeux d'une belle,
Il faut estre insensible à tous autres attraits,
Il faut jusqu'à la mort luy demeurer fidelle,
   Ou s'aller cacher pour jamais.

XIII.

LA POULE ET LES POUSSINS.

UNe Poule voyant approcher un Milan, fit entrer ses Poussins dans une cage, & les garantit ainsi de leur ennemy.

Quand on craint les attraits d'une Beauté cruelle,
  il faut se cacher à ses yeux
Ou soudain se ranger sous les loix d'une Belle
Qui sçache nous défendre & qui nous traite mieux.

XIV.

LE RENARD ET LA GRUE.

UN Renard ayant invité une Gruë à manger, ne luy servir dans un bassin fort plat, que de la boüillie qu'il mangea presque toute luy seul.

TRomper une Maistresse est trop se hazarder,
  Et ce seroit grande merveille,
Si malgré tous les soins qu'on prend à s'en garder,
  Elle ne rendoit la pareille.

XV.

LA GRUE ET LE RENARD.

LA Gruë pria ensuite le Renard à manger, & luy servit aussi de la boüillie, mais dans une fiole, où faisant entrer son grand bec, elle la mangea toute, elle seule.

ON connoist peu les gens à la premiere veuë,
  On n'en juge qu'au hazard,
  Telle qu'on croit une Gruë
  Est plus fine qu'un Renard.

XVI.

LE PAON ET LE ROSSIGNOL.

UN Paon se plaignoit à Junon de n'avoir pas le chant agreable comme le Rossignol. Junon luy dit, les Dieux partagent ainsi leurs dons, il te surpasse en la douceur du chant, tu le surpasses en la beauté du plumage.

L'vn est bien fait, l'autre est galand,
Chacun pour plaire a son talent.

XVII.

LE PERROQUET ET LE SINGE.

UN Perroquet se vantoit de parler comme un homme, & moy dit le Singe, j'imite toutes ses actions. Pour en donner une marque, il mit la chemise d'un jeune garçon qui se baignoit là auprés, où il s'empestra si bien que le jeune garçon le prit & l'enchaisna.

IL ne faut se mesler que de ce qu'on sçait faire,
Bien souvent on déplaist pour chercher trop à plaire.

XVIII.

LE SINGE JUGE.

UN Loup & un Renard plaidoient l'un contre l'autre pour une affaire fort embroüillée. Le Singe qu'ils avoient pris pour Juge, les condamna tous deux à l'amende, disant qu'il ne pouvoit faire mal de condamner deux aussi méchantes bestes.

Quand deux amans en usent mal,
Ou que l'un & l'autre est brutal,
Quelques bonnes raisons que chacun puisse dire
Pour estre preferé par l'objet de ses vœux,
La Belle doit en rire,
Et les chasser tous deux.

XIX.

LE RAT ET LA GRENOÜILLE.

UNe Grenoüille voulant noyer un Rat, luy proposa de le porter sur son dos par tout son marécage, elle lia une de ses pattes à celle du Rat, non pas pour l'empêcher de tomber, comme elle disoit ; mais pour l'entraîsner au fond de l'eau. Un Milan voyant le Rat fondit dessus, & l'enlevant, enleva aussi la Grenoüille & les mangea tous deux.

DE soy la trahison est infame & maudite,
Et pour perdre un rival, rien n'est si hazardeux,
    Quelque bien qu'elle soit conduite,
    Elle fait perir tous les deux.

XX.
LE LIEVRE ET LA TORTUE.

UN Lievre s'estant moqué de la lenteur d'une Tortuë; de dépit elle le deffia à la course. Le Lievre la voit partir & la laisse si bien avancer, que quelques efforts qu'il fist ensuite, elle toucha le but avant luy.

Trop croire en son merite est manquer de cervelle,
Et pour s'y fier trop maint amant s'est perdu.
   Pour gaigner le cœur d'une Belle,
   Rien n'est tel que d'estre assidu.

DE VERSAILLES.

XXI.

LE LOUP ET LA GRUE.

UN Loup pria une Gruë de luy oster avec son bec un os qu'il avoit dans la gorge, elle le fit & luy demanda recompense, n'est-ce pas assez, dit le Loup de ne t'avoir pas mangée.

Servir une ingratte beauté,
C'est tout au moins peine perduë,
Et pour pretendre en estre bien traité,
Il faut estre bien Gruë.

Y ij

XXII.

LE MILAN ET LES OYSEAUX.

UN Milan feignit de vouloir traiter les petits Oyseaux le jour de sa naissance, & les ayant receus chez luy les mangea tous.

Quand vous voyez qu'une fine femelle,
   En mesme temps fait les yeux doux
   A quinze ou seize jeunes foux,
Qui tous ne doutent point d'estre aimez de la Belle,
   Pourquoy vous imaginez-vous
   Qu'elle les attire chez elle
   Si ce n'est pour les plumer tous.

DE VERSAILLES.

XXIII.

LE SINGE ROY.

UN Singe fut élû Roy par les Animaux, pour avoir fait cent singeries avec la couronne qui avoit esté apportée pour couronner celuy qui seroit élû. Un Renard indigné de ce choix, dit au nouveau Roy qu'il vinst prendre un tresor qu'il avoit trouvé. Le Singe y alla & fut pris à un trebuchet tendu où le Renard disoit qu'estoit le tresor.

Sçavoir bien badiner est un grand avantage
  Et d'un tres-grand usage,
Mais il faut estre accort, sage, discret & fin,
Autrement l'on n'est qu'un badin.

XXIV.

LE RENARD ET LE BOUC.

UN Bouc & un Renard descendirent dans un puits pour y boire, la difficulté fut de s'en retirer ; le Renard proposa au Bouc de se tenir debout, qu'il monteroit sur ses cornes, & qu'estant sorti il luy aideroit. Quand il fut dehors, il se mocqua du Bouc, & luy dit, si tu avois autant de sens que de barbe, tu ne serois pas descendu là, sans sçavoir comment tu en sortirois.

Tomber entre les mains d'une Coquette fiere,
    Est un plus déplorable sort,
Que tomber dans un puits la teste la premiere,
    On est bien fin quand on en sort.

XXV.

LE CONSEIL DES RATS.

LEs Rats tinrent conseil pour se garantir d'un Chat qui les desoloit. L'un d'eux proposa de luy pendre un grelot au cou; l'avis fut loüé, mais la difficulté se trouva grande à mettre le grelot.

Qvand celle à qui l'on fait la cour,
Est rude, sauvage & severe;
Le moyen le plus salutaire,
Seroit de luy pouvoir donner un peu d'amour,
Mais c'est-là le point de l'affaire.

# LE LABYRINTHE

XXVI.

LE SINGE ET LE CHAT.

LE Singe voulant manger des marrons qui estoient dans le feu, se servit de la patte du Chat pour les tirer.

Faire sa cour aux dépens d'un Rival,
Est à peu prés un tour égal.

XXVII.

LE RENARD ET LES RAISINS.

UN Renard ne pouvant atteindre aux Raisins d'une treille, dit qu'ils n'estoient pas meurs, & qu'il n'en vouloit point.

Quand d'une charmante beauté,
Vn galand fait le dégousté,
Il a beau dire, il a beau feindre,
C'est qu'il n'y peut atteindre.

LE LABYRINTHE

XXVIII.

L'AIGLE, LE LAPIN, & l'Escarbot.

L'Aigle poursuivant un Lapin, fut priée par un Escarbot de luy donner la vie, elle n'en voulut rien faire, & mangea le Lapin. L'Escarbot par vengeance cassa deux années de suite les œufs de l'Aigle, qui enfin alla pondre sur la robbe de Jupiter. L'Escarbot y fit tomber son ordure. Jupiter voulant la secoüer, jetta les œufs en bas, & les cassa.

CE n'est pas assez que de plaire
A l'objet dont vostre ame a ressenty les coups :
Il faut se faire aimer de tous :
Car si la soubrette est contraire,
Vous ne ferez jamais affaire
Quand la Belle seroit pour vous.

XXIX.

LE LOUP ET LE PORC-ESPIC.

UN Loup vouloit persuader à un Porc-Espic de se défaire de ses piquans, & qu'il en seroit bien plus beau. Je le croy, dit le Porc-Espic, mais ces piquans servent à me défendre.

J Eunes beautez, chacun vous estourdit,
A force de prosner que vous seriez plus belles,
Si vous cessiez d'estre cruelles,
Il est vray, mais souvent c'est un Loup qui le dit.

XXX.

LE SERPENT A PLUSIEURS testes.

DEux Serpens l'un à plusieurs testes, l'autre à plusieurs queuës, disputoient de leurs avantages. Ils furent poursuivis ; celuy à plusieurs queuës se sauva au travers des broussailles, toutes les queuës suivant aisément la teste. L'autre y demeura, parceque les unes de ses testes allant à droit, les autres à gauche, elles trouverent des branches qui les arresterent.

Escouter trop d'avis est un moyen contraire,
Pour venir à sa fin,
Le plus seur, en amour, comme en toute autre affaire,
Est d'aller son chemin.

XXXI.

LA PETITE SOURIS, LE CHAT, & le Cochet.

UNe petite Souris ayant rencontré un Chat & un Cochet, vouloit faire amitié avec le Chat, mais elle fut effarouchée par le cochet qui vint à chanter. Elle s'en plaignit à sa mere, qui luy dit : apprens que cet animal qui te semble si doux, ne cherche qu'à nous manger, & que l'autre ne nous fera jamais de mal.

DE ces jeunes plumets plus braves qu'Alexandre,
Il est aisé de se défendre :
Mais gardez-vous des doucereux,
Ils sont cent fois plus dangereux.

XXXII.

LE MILAN ET LES COLOMBES.

Es Colombes poursuivies par le Milan, demanderent secours à l'Espervier, qui leur fit plus de mal que le Milan mesme.

ON sçait bien qu'un mary fait souvent enrager,
Toutefois la jeune Colombe,
Qui gemit, & veut se vanger,
Doit bien, avant que s'engager,
Voir en quelles mains elle tombe :
Car si l'amant est brutal & jaloux,
Il est pire encor que l'époux.

XXXIII.

LE DAUPHIN ET LE SINGE.

UN Singe dans un naufrage, sauta sur un Dauphin qui le reçut, le prenant pour un homme ; mais luy ayant demandé s'il visitoit souvent le Pirée qui est un port de mer, & le Singe ayant répondu qu'il estoit de ses amis, il connut qu'il ne portoit qu'une beste, & le noya.

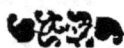

En vain un galand fait le beau,
A beau train, beaux habits, beau linge, & belle teste,
Si du reste c'est une beste,
Il n'est bon qu'à jetter en l'eau.

XXXIV.

LE RENARD ET LE CORBEAU.

UN Renard voyant un fromage dans le bec d'un Corbeau, se mit à loüer son beau chant. Le Corbeau voulut chanter, & laissa choir son fromage, que le Renard mangea.

O N peut s'entendre cajoller,
Mais le peril est de parler.

XXXV.

DU CIGNE ET DE LA GRUE.

LA Gruë demanda à un Cigne, pourquoy il chantoit : c'est que je vais mourir, répondit le Cigne, & mettre fin à tous mes maux.

Quand d'une extréme ardeur on languit nuit & jour,
    Cette ardeur devient éloquente,
Et la voix d'un amant n'est jamais si charmante,
    Que quand il meurt d'amour.

XXXVI.

LE LOUP ET LA TESTE.

UN Loup voyant une belle Teste chez un Sculpteur, disoit : elle est belle, mais le principal luy manque, l'esprit & le jugement.

Pour tenir dans les fers un amant arresté,
Il faut joindre l'esprit avecque la beauté.

XXXVII.

LE SERPENT ET LE HERISSON.

UN Serpent retira dans sa caverne un Herisson qui s'estant familiarisé, se mit à le piquer : Il le pria de se loger ailleurs. Si je t'incommode, dit le Herisson, tu peux toy-mesme chercher un autre logement.

Introduire un amy chez la beauté qu'on aime,
    Est bien souvent une imprudence extréme,
        Dont à loisir on se repent :
L'amy prend vostre place, est aimé de la belle,
        Et l'on n'est plus regardé d'elle,
        Que comme un mal-heureux serpent.

LE LABYRINTHE

XXXVIII.

LES CANNES ET LE PETIT Barbet.

UN petit Barbet poursuivoit à la nage de grandes Cannes. Elles luy dirent : tu te tourmentes en vain, tu as bien assez de force pour nous faire fuir, mais tu n'en as pas assez pour nous prendre.

IL faut que l'objet soit sortable ;
C'est autrement soy-mesme se trahir.
Quand on n'est pas assez aimable :
Plus on poursuit, plus on se fait haïr.

Le Barbet de cette fontaine court effectivement aprés les Cannes qui fuyent devant luy ; & le Barbet & les Cannes jettent de l'eau en l'air, en tournant l'un aprés l'autre. Cette fontaine s'appelle aussi la fontaine du gouffre, parceque les eauës qui entrent dans son bassin avec grande abondance, y tournoyent avec rapidité & avec bruit ; puis s'engouffrent dans la terre & s'y perdent.

CRITIQUE DE L'OPERA,

Ou Examen de la Tragedie intitulée ALCESTE, ou le Triomphe d'ALCIDE.

DIALOGUE.

CLEON. JE viens de l'Opera qui m'a semblé tres-beau, & qui m'a fort diverty.

ARISTIPPE. Vous vous moquez ?

CLEON. Point du tout.

ARISTIPPE. Vous avez donc comme moy donné dans le panneau ? Je l'avois trouvé admirable, & y avois pris ce me sembloit bien du plaisir ; mais Dorilas m'a fait voir qu'il est detestable, & qu'on s'y ennuye effroyablement.

CLEON. Voila ce que c'est que d'estre trop habile. Quand on est parvenu à un certain degré de capacité, on ne prend plus plaisir à rien, & cela me console de mon ignorance, qui fait que je me divertis à bien des choses qui ne divertissent pas les autres.

ARISTIPPE. Je sçay que vous vous y connoissez, & c'est ce qui m'estonne : Car tout le monde crie contre cette Piece.

CLEON. Tout le monde, c'est trop ; mais pour beaucoup de gens, je le croy. Je suis persuadé que les Musiciens qui n'y chantent pas, les Comediens des trois Trouppes, les Poëtes qui composent pour le Theatre, les Partisans du petit Opera, & les Amis du Marquis de Sourdiac, trouvent l'Opera mauvais. Et comme ce sont tous gens d'esprit bien receus chez toutes les personnes de qualité, je ne doute point qu'ils ne le fassent aussi trouver mauvais à bien du monde.

ARISTIPPE. Pourquoy voulez-vous qu'ils en parlent mal de dessein formé, eux qui trouvent que le Cadmus estoit beau, & qui le regrettent tous les jours.

CLEON. Le Cadmus ne leur fait plus de mal, & ils en font l'Oraison funebre volontiers. Mais afin que nous nous entendions, est-ce de la Poësie, de la Musique, ou des Decorations que vous voulez parler.

ARISTIPPE. Je n'entens parler que de la Poësie : Car pour la Musique & les Decorations, j'en suis assez content.

CLEON. Croyriez-vous bien que l'approbation que cette Piece a receuë à la Cour quand elle y a esté repetée, est cause en partie du décry où elle est dans la Ville, & où l'a mise la Cabale pour se vanger du chagrin qu'elle en a eu. De combien pensez-vous qu'une Piece empire à l'égard de certaines gens, à chaque repetition qu'on en fait à la Cour, sur tout quand ces repetitions sont suivies de loüanges & d'applaudissemens. L'Auteur pensa en estre étranglé à l'issuë de l'une de ces repetitions, & en fut traité du plus ignorant de tous les hommes.

ARISTIPPE. Si ces Messieurs disoient en general, que l'Alceste ne vaut rien, je pense bien qu'il ne faudroit pas les en croire sur leur parole. Mais ils font voir par le détail, en quoy cette piece est defectueuse, tant pour la conduite du sujet, qui est miserable, que pour la versification qui fait pitié. Ils font voir que l'Auteur a tout gasté, en ne mettant pas dans sa Piece ce qu'il y a de plus beau dans Euripide, & en y ajoûtant des Episodes ridicules, mal liez & mal assortis au sujet. Ils font aussi remarquer la pauvreté de chaque endroit, où l'on ne voit que redites de tendresse, jeunesse, saison, raison, &c.

CLEON. Avant que de parler des Vers & des Chansons, parlons du sujet. J'ay eu la curiosité pour me rafraîchir la memoire de la fable d'Alceste, de relire avec soin la Comedie qu'Euripide en a composée. Je vais vous en faire l'abregé; Ensuite je ferai celui de l'Alceste de l'Opera; aprés quoy nous verrons ce que l'Auteur a retranché d'Euripide, & ce qu'il ajoûte de son invention; puis nous jugerons quel blâme ou quelle loüange il merite, d'en avoir usé de la sorte.

ARISTIPPE. Tres-volontiers; car voila le nœud principal de l'affaire.

CLEON. Euripide fait venir d'abord sur le Theatre Apollon & la Mort, qui discourent ensemble. Apollon dit qu'il a obtenu des Parques qu'Admette ne mourra point, pourveu qu'il trouve une personne qui veuille mourir pour luy. Il ajoûte qu'il ne s'est trouvé que sa femme qui ait eu assez de courage & assez d'amitié pour faire une si belle action. La Mort luy demande s'il ne vient point encore luy enlever Alceste : Surquoy il dit que non ; mais qu'Hercule viendra qui touché de pitié, ira la luy reprendre entre les bras malgré qu'elle en ait.

Une Suivante d'Alceste paroist, qui raconte comment sa Maistresse se dispose à la mort. Elle remarque entre autres choses, qu'aprés avoir fait sa priere à tous les Autels de son Palais, & avoir recommandé ses enfans aux Dieux sans répandre aucune larme, sans faire le moindre soûpir, ni mesme sans changer de couleur ; elle s'est enfin jettée sur son lit, où faisant reflexion que c'est là qu'elle a perdu sa virginité, & que peut-estre une autre femme plus heureuse qu'elle, remplira bien-tost sa place, elle se fond en larmes, & fait retentir tout le Palais de cris & de sanglots. Le Chœur fait son devoir là-dessus de pleurer, de gemir, & de loüer la vertu d'Alceste.

ACTE II. Admette & sa femme viennent sur le Theatre, & font leurs regrets de part & d'autre. Alceste regrette la lumiere du Soleil, les beautez de son Palais, & sur tout le lit Nuptial. Admette voyant qu'elle s'attendrit, l'exhorte

horte à avoir courage, & à ne pas faire une lâcheté; il luy represente qu'il s'en va mourir, & que Caron le va prendre si elle ne se haste. Alceste prie son mary d'avoir soin de ses enfans, & de se souvenir d'elle: ce qu'il luy promet, & mesme de faire faire une figure de sa grandeur, & la plus ressemblante qu'il se pourra, pour la coucher avec luy, & l'embrasser toutes les nuits. Il luy promet encore qu'il se privera de tous plaisirs; qu'il n'ira plus en festin avec ses amis, & qu'il ne joüera plus du Luth ni de la Flute. Il luy fait encore quelques amitiez, la conjurant toujours de se haster de mourir; ce qu'elle fait enfin. Eumelus son fils pleure amerement avec son pere: Ils disent de tres-belles choses avec le Chœur, qui de son costé est aussi tres-fecond en moralitez.

ACTE III. Hercule arrive, qui demande au Chœur la demeure d'Admette, & luy conte qu'il vient pour tuer les chevaux de Diomede. Admette sort de son Palais; & pour ne pas empescher Hercule de loger chez luy, il luy dissimule la mort de sa femme; luy disant que l'affliction où il le voit, & toute sa maison, vient de la mort de l'une de ses domestiques. En suite il le fait entrer chez luy, & donne ordre qu'on le traite le mieux qu'il se pourra. Sur quoy le Chœur fait l'Eloge de sa grande hospitalité.

Pheres pere d'Admette survient, pour consoler son fils. Admette luy dit qu'il ne reçoit point

A a

sa consolation ; qu'il ne l'a point prié de venir ; qu'asseurément il n'est point son pere ; qu'il meure quand il voudra, qu'il ne l'ensevelira jamais; qu'il est un poltron de n'avoir pas eu le courage de mourir pour luy, & un impudent d'oser se montrer apres une si grande lâcheté. Pheres luy represente qu'il perd le respect ; qu'il doit considerer qu'il n'a qu'un pere, & qu'il peut avoir plusieurs femmes. Et qu'enfin c'est luy-mesme qui est le meurtrier d'Alceste, puisqu'il a souffert qu'elle soit morte pour luy, le pouvant empescher.

ACTE IV. Un Valet vient sur le Theatre, qui dit ; Que depuis qu'il est au service d'Admette, il a eu soin de traiter bien des Hostes de tout païs : mais qu'il n'en a jamais veu un si déraisonnable & si brutal que celuy qui vient d'arriver, qui sçachant l'affliction où l'on est dans la maison, chante cent chansons impertinentes à gorge déployée, aprés s'estre enyvré tout seul dans sa chambre ; ce qui joint aux cris & aux pleurs de tous les domestiques, fait une musique effroyable. Il ajoûte que ce qui le fasche le plus, est que le service qu'il est obligé de rendre à ce voleur, à ce méchant homme, luy empesche de rendre les derniers devoirs à sa Maistresse.

Hercule sort, & remarquant le visage chagrin du Valet, lui reproche d'en user ainsi envers un Hoste ; Il lui dit qu'il doit songer que nous sommes tous mortels, & qu'ainsi il feroit mieux de se réjouïr, de boire, & de faire l'amour; & là dessus il le convie d'entrer dans le logis pour boire ensemble. Le Valet le remercie, & lui declare que c'est Alceste mesme qui est morte, & que c'est ce qui le rend si triste. Hercule touché de la grande hospitalité d'Admette, qui lui a dissimulé son affliction pour ne pas l'éloigner de chez lui, prend la resolution d'aller retirer de force Alceste d'entre les bras de la Mort, qu'il fait estat de rencontrer dans son tombeau beuvant le sang des Victimes immolées. Admette revient avec le Chœur; Ils font ensemble des lamentations les plus morales, mais les plus amples, qui se puissent jamais faire.

ACTE V. Hercule rameine Alceste, qu'il a retirée d'entre les bras de la Mort comme il se l'estoit promis, & qu'il a voilée pour n'estre pas connuë de son mary. Il se plaint à Admette de lui avoir celé son affliction; Ensuite il le console, & lui propose d'épouser cette femme qu'il ameine avec lui, qu'il dit avoir gagnée à un combat de lutte, dont elle estoit le prix. Admette le remercie, lui declarant qu'il n'aimera jamais rien ayant perdu sa chere Alceste. Aprés plusieurs témoignages de constance & de fidelité dont Alceste doit estre tres-contente, Hercule lui oste son voile & la presente à Admette; ce qui comble de joye ces deux époux, & met heureusement fin à toute la Piece. Voila en substance l'Alceste d'Euripide.

Voyons presentement de quelle sorte nostre Auteur a traitté cette mesme Tragedie. Hercule, & Lycas son confident, viennent sur le Theatre dans le temps que tout retentit d'acclamations de joye pour les nopces d'Admette & d'Alceste qu'on conduit au Temple pour les marier. Hercule declare à Lycas qu'il aime Alceste, & qu'il est resolu de s'en aller pour n'estre pas present à une ceremonie si desagreable pour lui. Neanmoins Lycas lui ayant representé que sa fuite feroit trop de bruit, il consent de demeurer jusqu'à la fin du jour. Straton confident de Lycomede, Rival d'Admette, vient au moment qu'Hercule se retire. Il se plaint à Lycas de ce qu'il aime Cephise confidente d'Alceste, qui lui a promis amitié. Lycas lui répond que s'il est aimé d'elle, il ne doit point se plaindre, rien n'estant plus agreable qu'un Rival qui n'est pas aimé. Cephise qui survient demeure d'accord d'avoir fait une infidelité à Straton, & lui conseille d'estre inconstant comme elle ; parce qu'à son avis, rien n'est plus plaisant que l'inconstance. Lycomede Roy de l'Isle de Sciros, voisine de la ville d'Iolcos, où est la Scene, paroist. Il asseure Cephise que son amour pour Alceste s'est changée en amitié, en perdant l'esperance de la posseder ; & que pour en donner des marques, il veut regaler les Epoux sur ses vaisseaux, par une Feste marine qu'il a preparée. Cette Feste commence par des Tritons & des Nymphes qui chantent à l'arrivée des Epoux. Lycomede tenant Alceste par la main, entre dans un Vaisseau suivi de Cephise & de Straton; & dans le moment qu'Admette & Hercule veulent le suivre, le Pont s'enfonce dans l'eau, & le Vaisseau s'éloigne du rivage. Thetis, sœur de Lycomede, sort de la mer; & menaçant les deux Heros qui veulent poursuivre le Ravisseur, predit à Admette qu'il sera blessé à mort dans sa poursuitte; & aussi-tost fait élever les vagues de la mer par les Aquilons qui l'accompagnent, pour arrester les Vaisseaux d'Admette. D'un autre costé Eole paroist avec les Zephirs, qui calment la tempeste, & promet aux Heros une heureuse issuë de leur entreprise.

ACTE II. Straton reproche encore à Cephise son infidelité, dont elle se défend, en disant; Qu'elle ne lui a donné un Rival que pour réveiller son amour. Lycomede paroist avec Alceste, à qui il declare qu'il ne la rendra jamais à son Epoux, & la contraint d'entrer avec lui dans la Ville, qu'Hercule & Admette, & toute leur suitte, attaquent si vigoureusement, qu'ils l'emportent d'assaut. Lycomede y est tué par Admette, lequel est aussi blessé à mort par Lycomede. Hercule remet entre les mains de Pheres Alceste qu'il a delivrée pour la rendre à son mari, &

se retire, craignant d'estre trahi par son amour. Admette paroist soûtenu sur les bras de son Escuyer, & blessé à mort ; mais content de mourir, puisqu'Alceste n'est plus captive. Apollon descend environné des Arts, & promet à Admette qu'il ne mourra point, s'il peut trouver quelqu'un dans son Royaume qui veüille donner sa vie pour lui. Il ajoûte, que pour y exciter ses Sujets, il va faire construire un Temple par les Arts, où la figure de la personne qui fera une action si genereuse, sera élevée & honorée eternellement.

ACTE III. Alceste voyant que personne ne veut mourir pour Admette ; que Pheres s'en excuse parce qu'il est trop vieux, Cephise parce qu'elle est trop jeune, &c. Elle prend la resolution de mourir, & l'amour lui fait faire ce que la nature, le devoir & l'amitié, n'ont osé entreprendre. Admette se sentant gueri subitement, sort avec impatience pour se réjoüir avec Alceste, de la vie qui lui est renduë : mais jettant les yeux sur le Tombeau que les Arts ont élevé dans le Temple, il voit la figure d'Alceste, & connoist par là qu'elle est morte pour lui, ce qui le porte à des regrets les plus touchans du monde. Ces regrets sont accompagnez d'une pompe funebre & de toutes les marques d'une extrême douleur. Hercule vient trouver Admette, & lui asseure qu'il tirera Alceste des Enfers ; mais qu'il faut qu'elle lui appartienne enfuite, comme fa conquefte. Admette incertain quel parti prendre, confent enfin qu'elle lui appartienne, aimant encore mieux voir fa chere Alcefte entre les mains d'un autre, que de ne la revoir jamais. Diane & Mercure facilitent l'entreprife d'Hercule, & lui ouvrent un paffage aux Enfers.

ACTE IV. Caron paroift conduifant fa Barque où plufieurs Ombres demandent d'eftre receuës. Hercule arrive, qui entre dedans malgré lui, & fe fait paffer à l'autre rive. Le Theatre change, & l'on voit Pluton, Proferpine, & toute leur Cour, qui regalent l'Ombre d'Alcefte de tout ce qui peut y avoir d'agreable & de curieux dans les Enfers, en confideration de la belle action qu'elle a faite de mourir pour un autre, & avant l'heure que les Deftins lui avoient marquée. Alecto vient avertir qu'un Mortel force les Enfers; Pluton commande qu'on déchaîne Cerbere; Hercule le furmonte, & dit à Pluton qu'il ne vient point pour lui nuire; mais pour ramener Alcefte au monde, & qu'il eft conduit par l'Amour, à qui rien ne doit & ne peut refifter. Pluton lui rend Alcefte, & les fait affeoir l'un & l'autre fur fon Char, pour les remettre fur la Terre.

ACTE V. Le Theatre reprefente un Arc de Triomphe, dreffé pour honorer Hercule vainqueur des Enfers. Il paroift amenant Alcefte, & eft receu aux acclamations du peuple.

Straton est remis en liberté; mais sur ce qu'il demande ensuite à Cephise qu'elle choisisse ou Lycas, ou lui pour son mari, Cephise répond, qu'elle veut aimer toujours, & pour cela n'épouser jamais. Hercule remarquant qu'Alceste a toujours les yeux tournez sur Admette, lui en fait reproche, mais voyant l'extréme peine qu'ils souffrent l'un & l'autre à se voir separer, il prend une genereuse resolution de ne pas troubler davantage la joye de ces deux amans; & considerant qu'aprés avoir défait les Tyrans, il ne doit pas estre un Tyran lui-mesme; mais qu'il doit couronner la victoire qu'il a remportée de la Mort & de l'Enfer, par une autre victoire plus belle & plus difficile, qui est celle de soy-mesme; il quitte Alceste à son Epoux pour l'amour de la Gloire sa veritable Maistresse. Apollon descend avec les Muses & les Arts, pour honorer le Nopces d'Admette & le Triomphe d'Hercule, ce qui finit la Piece.

Bien que l'Auteur de l'Alceste de l'Opera ait retranché beaucoup de choses de celles qui sont dans Euripide, & qu'il en ajoûte aussi beaucoup de son invention, comme il paroist par l'abregé que nous venons de faire de ces deux Pieces; Neanmoins les choses principales qu'il a retranchées, se peuvent reduire à celles-cy. La Scene d'Apollon & de la Mort. Le recit que fait une Suivante des regrets d'Alceste dans son Palais.

L'entretien

DE L'OPERA.

L'entretien d'Alceste & d'Admette en se disant adieu. L'entretien d'Admette & de son pere. Le discours d'un Valet qui se plaint de la brutalité d'Hercule. Et enfin, la maniere dont Hercule rend Alceste à Admette, en la luy amenant voilée pour éprouver sa fidelité. Les choses principales que l'Auteur a ajoûtées de son invention, se peuvent aussi reduire à celles-cy. L'amour qu'il donne à Hercule pour Alceste. L'amour & la trahison de Lycomede. Les amours & l'inconstance de Cephise. La blessure mortelle qu'Admette reçoit en delivrant Alceste. La recompense proposée par Apollon d'un monument eternel, à celuy qui mourra pour Admette. La surprise d'Admette en voyant la figure d'Alceste, qui luy fait connoistre qu'elle est morte pour luy. Et en dernier lieu, la victoire qu'Hercule remporte sur luy-mesme, en cedant Alceste à son Epoux.

Voyons presentement quelle loüange ou quel blasme l'Auteur merite d'en avoir usé comme il a fait. Commençons par la Scene d'Apollon & de la Mort, qu'il a retranchée.

S'il est vray qu'une des plus grandes beautez des Pieces de Theatre, consiste dans la surprise agreable des evenemens, & dans la joye de se voir delivré par un dénoüement ingenieux de l'embarras & de l'inquietude où nous a mis l'intrigue & le nœud de la Piece. Il est certain que cette Scene d'Apollon & de la Mort, où l'on ap-

Bb

prend qu'Hercule viendra retirer Alceste d'entre les bras de la Mort pour la rendre à son Epoux, nous oste entierement ce plaisir, parce qu'il n'arrive rien dans la suite dont l'on n'ait esté pleinement averty par le discours qu'ils font ensemble. Ainsi je ne croy pas que nostre Auteur puisse estre blâmé d'avoir retranché cette Scene.

ARISTIPPE. Et moy, je ne trouve rien de mieux pensé que le Dialogue de ces deux Divinitez, qui donne l'intelligence de toute la Piece, d'une maniere tres-ingenieuse.

CLEON. Si le Dialogue de ces deux Divinitez n'alloit qu'à informer les Spectateurs de ce qui s'est passé jusqu'au moment que la Piece commence, & mesme si vous voulez, à donner à entendre confusément, & à deviner ce qui doit arriver dans la suite, je loüerois cette invention. Mais d'en avoir declaré distinctement le nœud & le dénoüement, c'est avoir dérobé aux Spectateurs tout le plaisir qu'ils auroient eu dans la suite, & leur avoir osté toute leur attention & toute leur curiosité.

Passons, s'il vous plaist, au recit de la Suivante. Je croy bien qu'en Grece on pouvoit prendre plaisir à voir une Princesse déja sur l'âge, & ayant des enfans à marier, qui pleure sur son lit dans le souvenir de sa virginité qu'elle y a perduë : car les mœurs de ce temps-là le pouvoient permettre. Mais je suis asseuré que cela n'est point du tout au goust de nostre Siecle, qui estant accoustumé à ne voir sur le Theatre que des Amans jeunes, galans, & qui ne sont point mariez, auroit eu bien du mépris pour les tendresses de cette Epouse surannée.

Il auroit aussi esté difficile que les Spectateurs n'eussent éclatté de rire; mais d'un ris scandaleux, & qui eust fait rougir les Dames sur l'endroit du recit de la Suivante, où elle remarque que sa Maistresse dit adieu à la lumiere, à la vie, à ses enfans, sans jetter une seule larme, & sans qu'il paroisse aucune alteration sur son visage; Mais qu'à la veuë du lit nuptial sur lequel elle se jette, & au souvenir de sa virginité qu'elle y a perduë, elle verse un torrent de pleurs, & donne toutes les marques d'une extréme douleur, de sorte que si l'on regrette ce recit, ce ne peut estre, que parce qu'on est fâché d'avoir perdu une occasion de rire que nostre Auteur a bien fait d'éviter; outre que les recits de cette nature ne s'accommodent pas au chant qui les rendroit tres-languissans & tres-ennuyeux.

ARISTIPPE. Je croy que ceux qui défendent Eurypide ne manquent pas de bonnes réponses à cette objection. Mais comment peut-on excuser vostre Auteur, d'avoir obmis l'entretien d'Admette & d'Alceste, qui est la plus belle chose du monde, & pour laquelle il semble que toute la Comedie soit faite.

CLEON. Je vous répondray que cela pouvoit estre admirable chez les Anciens ; & que cela peut estre bon en soy : Car rien n'est plus naturel que les sentimens de ces deux personnes, le mary exhorte sa femme à mourir, & sa femme recule autant qu'elle peut. Mais je suis encore asseuré que ces sentimens-là, tout naturels qu'ils sont, déplairoient bien aujourd'huy, & ne manqueroient point à donner de l'indignation pour Admette, qui a la lâcheté de consentir que sa femme meure pour luy, & du mépris pour la femme, qui est assez simple de donner sa vie pour un mary qui le merite si peu, & c'est ce que nostre Auteur a évité tres-judicieusement, comme nous le verrons dans la suite.

Est-ce une chose d'un bel exemple, de voir Admette qui interrompt Alceste lors qu'elle luy dit les derniers adieux, pour luy dire qu'elle se haste de mourir ; parce qu'il voit, dit-il, la Parque qui le va prendre, si elle ne se haste de faire son devoir. Je veux croire, si vous voulez, que la galanterie d'Admette estoit bonne chez les Anciens ; mais elle n'est pas asseurément au goust de nostre Siecle.

ARISTIPPE. Vous m'avoüerez cependant, que ces deux Epoux disent des choses bien tendres.

CLEON. Je le croy ; mais j'en viens de remarquer qui ne le sont gueres. Et comme il faloit de necessité que nostre Auteur, s'il eust fait cette Scene, eust aussi fait consentir Admette à la mort de sa femme, qui est une tres-vilaine action, je trouve qu'il n'est point blâmable d'avoir supprimé cette Scene, & qu'il en a bien usé en faisant prendre à Alceste la resolution genereuse de mourir sans la participation de son Epoux.

ARISTIPPE. Vous direz ce qu'il vous plaira; mais assurément cette Scene bien traitée, eust fait un bel ornement à la Piece.

CLEON. La difficulté estoit de la bien traiter, & je croy que cela estoit impossible. Mais vos Messieurs ne regrettent-ils point aussi la Scene d'Admette & de son pere, qui a mon sens, est la chose la plus odieuse qui ait jamais esté mise sur le Theatre. L'on voit un fils qui traite son pere d'impudent & de lâche, & qui luy reproche avec une effronterie sans égale, de n'avoir pas voulu mourir pour luy, pendant que le mal-heureux & le poltron qu'il est, bien loin de donner sa vie pour un autre, consent non seulement, mais oblige sa femme à mourir en sa place, ce qui gaste la Piece entierement : car la mal-honnesteté de ce personnage le rend si méprisable & si haïssable, qu'on n'a point de joye de le voir échapper à la Mort; qu'on ne peut sçavoir gré à sa femme d'avoir si mal employé sa vie, & qu'on ne peut dans la suite se réjouïr, quand Hercule la luy ramene des Enfers.

Je croy que nous avons presentement à examiner la Scene du Valet, qui raconte de quelle maniere Hercule en use chez son hoste. Peut-estre estoit-il permis aux Heros des Anciens d'estre gourmans & yvrognes, particulierement aux Heros tels qu'Hercule, dont le caractere consistoit dans la force du corps & dans l'intrepidité de l'ame, parceque ces sortes de vertus sont souvent accompagnées de l'intemperance & de la brutalité. Mais outre que le Valet pousse la chose un peu trop loin, ce n'est plus aujourd'huy l'idée que l'on a d'Hercule, & le beau monde auroit esté bien surpris, si on luy eust representé le fils de Jupiter, avec les qualitez d'un Crocheteur. Comme il est mal-aisé de s'imaginer qu'un homme aille forcer les Enfers, sans s'imaginer en mesme temps qu'il est remply de beaucoup de vertus, je ne sçay pas comment Euripide pretendoit disposer les Spectateurs à cette creance, en leur donnant à entendre, que ce mesme homme estoit un yvrogne & un brutal.

Il ne nous reste plus qu'à voir si l'on a eu tort de ne se pas servir du mesme moyen dont Hercule se sert pour rendre Alceste à son mary, qui est de la luy amener voilée, & d'éprouver sa fidelité en le portant à oublier Alceste pour épouser celle qu'il luy ameine. J'avouë que cet endroit est ingenieux, quoy que l'offre d'une femme qu'on ne voit point touche tres-peu. Mais je doute que cela soit là fort en sa place; c'est une gentillesse tres-agreable pour une Comedie, & qui fait un dénoüement dont la surprise donne du plaisir; mais cette aimable tromperie qui sieroit bien à un personnage ordinaire, & dans une Piece enjoüée, ne convient guere à un Heros aussi parfait & aussi serieux que le doit estre Hercule, & qui doit s'éloigner également de la tromperie & de la plaisanterie quelles qu'elles soient, comme de deux choses incompatibles avec le caractere des Heros. Passons maintenant à ce que l'Auteur de l'Opera a ajoûté de son invention.

La premiere chose qu'il ajoûte, est l'amour d'Hercule pour Alceste; cet amour m'a semblé bien imaginé, parce qu'il lie encore davantage le personnage d'Hercule au sujet de la Tragedie. Car à moins que la Fable soit connuë, on peut estre surpris de voir Hercule venir si à propos pour retirer Alceste des Enfers, au lieu que le feignant amoureux d'Alceste dés le commencement de la Piece, il est plus naturel de le voir faire cette expedition, tant par le motif de son amour, que pour satisfaire à sa destinée, qui l'avoit fait naistre pour le bien commun du genre humain. De plus cet amour sert à relever merveilleusement la gloire d'Hercule: Car non seulement on le voit vainqueur de la Mort comme dans Euripide; mais on le voit aussi dans la suite vainqueur de son amour & de luy-mesme.

CRITIQUE

ARISTIPPE. Je vous passe l'amour d'Hercule ; mais que me direz-vous pour autoriser la passion & la perfidie de Lycomede.

CLEON. Je vous dirai qu'estant necessaire de donner une cause à la mort d'Admette, plus belle qu'une maladie ordinaire, & qui engageast davantage Alceste à mourir, on ne pouvoit peut-estre rien feindre de plus ingenieux, que de le faire blesser à mort en combattant pour la retirer des mains d'un Rival qui la lui avoit enlevée par trahison ; parceque ces sentimens de tendresse sont bien plus seans en la personne de deux Amans qui viennent de se donner la main, qu'entre des Epoux déja avancez sur l'âge.

ARISTIPPE. Je vous passe encore si vous voulez l'amour de Lycomede : mais il faut demeurer d'accord, que les amours de Cephise & son inconstance, ont quelque chose d'abominable : car outre que c'est un Episode qui n'a aucune liaison avec la Piece, & qui est tres-mal placé en cet endroit, il est tres-indigne d'une Piece aussi serieuse que celle-cy, & si vous avez eu quelque raison de blâmer la tromperie galante qu'Hercule fait à Admette en lui amenant Alceste voilée ; parce, disiez-vous, que la chose estoit trop enjoüée. Comment pourrez-vous soustenir les badineries d'une Suivante & de ses Amans, veu que la tromperie d'Hercule est essentielle à la Piece, & que les amours de Cephise n'ont aucun rapport avec l'Histoire d'Alceste.

CLEON. Vous vous souviendrez, s'il vous plaist, que quand j'ay parlé contre la tromperie d'Hercule, c'a esté principalement parce que le mensonge, quel qu'il soit, ne peut convenir à un Heros ; & que si j'ay trouvé la chose un peu trop enjoüée, c'est parce qu'elle se passe entre les principaux Personnages de la Piece. De sorte que bien loin de blamer l'Episode enjoüé des Amours & de l'Inconstance de Cephise, je le loüe extrememement, parce que les choses agreables de cette Scene sont dites par des personnes du commun, une Suivante & des Confidens, & que ces mesmes choses font une tres-belle varieté. De plus, rien n'est de mieux lié ny de plus naturel au sujet. On sçait que c'est une des regles principales de la Rethorique, de relever le merite des vertus par l'opposition des vices qui leur sont contraires. Estant donc question de mettre en son jour la beauté de la constance & de la fidelité conjugale, il estoit de l'industrie du Poëte de donner un exemple d'inconstance & d'infidelité qui inspirast du mépris pour cette foiblesse de l'esprit humain ; & de mesme que la constance se trouve placée en la personne d'une Heroïne, il a esté de la prudence de mettre l'inconstance & la legereté dans l'ame d'une personne vulgaire. Mais cet Episode n'est seulement pas joint à la Piece par la necessité qu'il y avoit d'opposer le vice à la vertu; il y est joint encore, en ce que Cephise est confidente d'Alceste, & que dans la suite elle sert à établir une verité, qu'on ne veut point mourir à quelque âge que ce soit, & de quelque condition qu'on puisse estre. Car en mesme temps que Pheres pere d'Admette refuse de mourir, parce qu'il est trop vieux; elle refuse aussi de quitter la vie, parce qu'elle est trop jeune; Ainsi sans faire venir des personnes de tous âges & de toutes conditions, qui s'excusent de mourir pour Admette; Pheres d'un costé qui est un homme de qualité extremement vieux, & Cephise d'un autre costé qui est une fille de peu de naissance, & extremement jeune, representent en quelque sorte tous les differens âges, & toutes les conditions imaginables; & semblent asseurer que toutes les autres personnes du monde feroient la mesme chose.

ARISTIPPE. Je n'ay rien à reprendre aux belles choses que vous dites, je les croy tres-bonnes; mais je suis bien trompé si les petites chansons qui s'y disent ne sont tres-mauvaises.

CLEON. Seroit-ce à cause qu'elles ne valent rien, que tout le monde les sçait par cœur & les chante de tous costez. Vous en croirez ce qu'il vous plaira; mais je ne tiens rien de plus difficile que de faire chanter à tout Paris une chanson qui ne vaut rien. Est-ce que celle qui a pour refrain; *Si l'Amour a des tourmens, c'est la faute des A-*

DE L'OPERA.

mans. Celle où il y a; *l'Amour tranquille s'endort aisément*, & cinq ou six autres de cette force, vous déplaisent. Je serois bien fâché de n'y prendre pas plaisir; & bien loin que j'aye du dégoust pour ces petites chansons, qui estant separées de la Piece, ont un sens parfait & à l'usage de beaucoup de personnes, & qui concourent neanmoins à composer le corps de l'Ouvrage, je les regarde comme des pierreries qui toutes separément sont precieuses, & qui ne laissent pas d'entrer en la composition d'une Couronne, ou de quelque autre ouvrage de grand prix.

Il s'agit d'examiner presentement, si l'Auteur est loüable de mettre Admette en peril de mort par une blessure, plustost que par une maladie ordinaire. Mais comme nous en avons déja parlé, j'ajoûterai seulement qu'il eust esté moins agreable de voir venir sur le Theatre un vieux mary attenué de maladie, & dans l'équipage d'un homme malade, que de voir un jeune homme qui vient d'estre blessé, & qui porte encore les mesmes habits qu'il avoit au combat. De plus, comme la convalescence subite & miraculeuse d'Admette doit changer entierement son visage & toute sa personne, la chose auroit peut-estre esté plus difficile à representer.

Je ne croy pas qu'on puisse estre blâmé, d'avoir introduit Apollon qui promet d'élever un Temple & une Statuë pour recompenser celuy qui voudra mourir pour son Prince; Outre qu'il est tres-convenable de faire proposer par les Dieux des recompenses pour les actions d'une vertu extraordinaire, ce monument fait une Decoration tres-belle & tres-surprenante. La Statuë d'Alceste qui se trouve élevée dans le Temple, sert à apprendre à Admette que c'est Alceste mesme qui est morte pour lui; ce qui épargne un long recit qui n'auroit pu estre que tres-ennuyeux en musique. Vous en penserez ce qu'il vous plaira; mais peut-estre ne s'est-il jamais rien fait de plus heureux ni de plus propre au Theatre que cet endroit. Aristote remarque, comme une des plus belles choses qui se puisse imaginer, l'endroit de l'Antigone, où Hemon fils de Creon Roy de Thebes, passionnément amoureux de cette Princesse que son pere tenoit prisonniere; ayant enfin obtenu de l'épouser, court à la prison pour la delivrer, & luy dire le sujet de leur commune joye, où ayant fait ouvrir les portes, il la trouvé qui s'estoit fait mourir de desespoir. Aristote dit, que ce passage subit d'une grande joye à une grande douleur à la veuë d'un spectacle aussi triste que celui-là, produit dans l'esprit des Spectateurs tout l'effet que le Theatre se propose, qui est d'émouvoir souverainement l'horreur & la compassion en mesme temps. Je ne sçai si je me trompe; mais il me semble que ces mouvemens qu'Aristote desire sur toutes choses dans la Tragedie, doi-

DE L'OPERA.

vent estre moins forts & moins violens dans Hemon que dans Admette, qui tout à coup par la veuë de cette figure connoist la grandeur de son infortune, & qui comblé de joye d'avoir recouvré la vie pour la passer avec sa chere Alceste qu'il cherche de tous costez, trouve que non seulement elle est morte, en quoy il est au mesme estat que le fils du Roy de Thebes; mais qu'elle est morte pour luy : ce qui augmente infiniment sa douleur, & le rend bien plus inconsolable qu'Hemon, qui à la verité avoit perdu une Maistresse dont il pouvoit croire estre aimé, mais dont il n'avoit point receu d'aussi grandes marques d'amour, qu'Admette en avoit receuës d'Alceste.

La derniere chose que nous avons à remarquer, de celles que nostre Auteur a inventées, est, ce me semble, la victoire qu'Alcide remporte sur luimesme, en cedant Alceste qu'il aimoit & qui lui appartenoit par droit de conqueste, à Admette son époux. Cette circonstance ajoûte à mon sens, une grande beauté à la Piece, en y ajoûtant une espece de nœud & de dénoüement episodique qui redouble l'attention & le plaisir des Spectateurs. C'estoit une grande difficulté de retirer Alceste du tombeau, & voila le nœud principal de la Piece : mais c'en est une seconde encore fort grande, de faire qu'Hercule se departe de son amour, sans quoy on auroit peu de joye de voir revivre Alceste. Hercule par la force de son bras dompte les Enfers & ramene Alceste, & c'est là le dénouëment principal de la Piece. Ensuite par la vertu heroïque de son ame, il se dompte lui-mesme, en preferant la gloire aux charmes de l'amour ; & c'est là le denouëment de l'Episode : Ainsi l'on peut dire que cet incident rend la Fable en quelque façon double, de simple qu'elle estoit; Et au lieu qu'Euripide ne traite que les amours d'Admette & d'Alceste, nostre Auteur traite encore, si cela se peut dire, les amours d'Hercule & de la Gloire sa veritable Maistresse ; D'où il arrive que la Joye & les Plaisirs sont tous pour Admette, qui represente un homme ordinaire & du commun, & que la Gloire est le partage d'Hercule, qui represente les Heros & les hommes extraordinaires. De plus cet évenement acomplit admirablement le caractere d'Hercule. C'estoit un demy-Dieu qui avoit de la foiblesse mêlée avec ses grandes & divines qualitez; c'est pourquoi l'ayant veu dans le commencement de la Piece combattu de sa passion, & dans la suite se laisser aller jusqu'à vouloir bien prendre la femme de son amy, ce qui estoit un effet de sa foiblesse ; On voit sur la fin qu'il revient à luy, & que se souvenant que le Ciel l'a donné à la Terre pour faire de grandes actions, pour dompter les Monstres & les Tyrans, la Mort & les Enfers, il doit aussi se surmonter lui-mesme, & ajoûter cette

DE L'OPERA.

victoire à toutes les autres. Auſſi la Tragedie finit-elle par ces beaux Vers qui marquent le ſujet & la ſubſtance de toute la Piece :

Triomphez genereux Alcide,
Vivez en paix heureux Epoux.

ARISTIPPE. Cette remarque me ſemble un peu trop ſubtile, & je doute que perſonne l'ait encore faite.

CLEON. Je n'en ſçay rien ; mais je ſuis perſuadé que ſi ces ſortes d'ouvrages ne contiennent quelque moralité, ce ſont de vains amuſemens indignes d'occuper l'attention d'un eſprit raiſonnable.

ARISTIPPE. Cela pourroit bien eſtre ; mais je crains que vous ne prouviez rien pour prouver trop. Car ſi l'on vous en croit, noſtre Auteur a mieux fait qu'Euripide ; Et il ſe trouvera que non ſeulement on égale aujourd'huy les Anciens, mais qu'on les ſurpaſſe, ce qui à mon ſens eſt le plus étrange paradoxe qui ſe puiſſe jamais faire.

CLEON. Vous avez pu remarquer que quand j'ay loüé noſtre Auteur de n'avoir pas imité Euripide en pluſieurs endroits, ce n'a pas eſté parce que je trouve ces endroit-là abſolument mauvais ; mais parce qu'ils ne ſont pas conformes aux mœurs de noſtre ſiecle. Ainſi, quelques bons & quelques divins que ſoient les ſentimens d'Euripide, par rapport aux mœurs de ſon temps, les Critiques ont eu peu de raiſon be blâmer noſtre Auteur de ne les avoir pas employez dans sa Piece, parce qu'il ne suffit pas que les choses soient bonnes en elles-mesmes ; il faut qu'elles conviennent aux lieux, aux temps, & aux personnes; ainsi, vous ne me devez point reprocher d'avoir mal-traité Euripide. Ce n'est pas, à vous dire le vray, que je sois extremement persuadé de la divinité des Anciens, ni que j'encense aveuglement toutes les choses qu'ils ont dites. C'estoient asseurément de grands genies, qui ont tres-bien fait en leur temps, où ils auroient encore esté admirez quand ils auroient moins fait : Mais de vouloir, parce qu'ils ont esté les premiers Hommes de leur siecle, qu'ils le soient eternellement de tous les siecles qui suivront, c'est dequoy je ne demeure pas accord. Je veux bien avoüer, si vous le voulez, que les Auteurs anciens ont eu plus de genie que ceux de ce temps icy pour la description des choses de la Nature, des sentimens du cœur de l'homme, & pour tout ce qui regarde l'expression. Mais comme dans les Ouvrages de l'esprit il y a d'autres choses encore à observer, comme la bien-seance, l'ordre, l'œconomie, la distribution, & l'arrangement de toutes les parties ; ce qui demande une infinité de preceptes, qui ne peuvent estre trouvez que par une longue suite d'experiences, de reflexions, & de remarques ; il se pourroit faire que les derniers siecles ont de l'avantage en ces sortes de choses,

parce

DE L'OPERA.

parce qu'ils ont profité du travail & de l'étude de ceux qui les ont precedez. Cette matiere est peut-estre une des plus importantes qui se puisse traiter parmi les gens de Lettres, & qui meriteroit devantage d'estre examinée; parceque si d'un costé le mépris des Anciens est une disposition tres-mauvaise pour ceux qui estudient; d'un autre costé le mépris qu'on fait des Modernes, est aussi d'une fâcheuse consequence, à cause de la juste indignation qu'en peuvent concevoir les habiles gens de ce siecle, qui se sentant un genie vigoureux & un jugement solide, ne daigneroient travailler connoissant l'injustice qu'on ne manquera pas de leur faire, & qu'Horace se plaint qu'on lui a faite, en preferant les moindres ouvrages des Anciens, aux plus belles choses qu'ils pourront jamais faire.

ARISTIPPE. Nous ne resoudrons pas aujourd'hui cette question-là ; mais faites-moy justice de ces Divinitez qui viennent à tous momens se presenter sur le Theatre, sans qu'il en soit aucun besoin. Lycomede enleve Alceste, & aussi-tost Thetis paroist avec les Aquilons pour exciter la Tempeste. A peine la Tempeste est-elle émuë, qu'Eole paroist avec les Zephirs pour l'appaiser. Quand Alcide veut aller aux Enfers, Diane vient seulement pour luy dire que Mercure va lui ouvrir un passage pour y descendre. Est-ce pas aller directement contre le precepte d'Horace qui condamne ces Dieux de Machines, & qui ne les souffre que pour un dénouëment qui ne se puisse faire par les voyes ordinaires & naturelles. Aussi Euripide s'est-il bien donné de garde de s'en servir.

CLEON. Un des grands defauts des demy-connoisseurs est, de n'entendre qu'à demy, ou d'appliquer mal les preceptes d'Aristote & d'Horace. Celuy que vous venez d'alleguer est tres-bon, & doit estre indispensablement observé dans les Comedies & dans les Tragedies; mais non pas dans les Opera ou Pieces de Machines, qui n'estant point en usage du temps d'Horace, ne peuvent estre sujettes aux loix qui en ont esté faites de ce temps-là. Aristote & les autres qui ont traité des Pieces de Theatre, ont dit qu'il y avoit deux choses particulierement à y observer, qui sont le vray-semblable & le merveilleux, avec cette difference, que dans la Comedie il ne doit y avoir rien que de vray-semblable, au lieu que la Tragedie admet le merveilleux, mais avec moderation, en sorte que si l'on est obligé d'y mêler quelques incidens surnaturels, & d'introduire quelques Divinitez, il y paroisse de la necessité; & voila en quel sens l'on doit entendre le precepte dont nous parlons. Pour rendre la division du Poëme dramatique parfaite, il faloit que comme une des especes, qui est la Comedie, n'admet que le vray-semblable, c'est à dire que des evenemens naturels & ordinaires, il y eust une espece opposée qui n'admist que des evenemens extraordinaires & surnaturels, & c'est ce que font les Opera & Pieces de Machines, pendant que la Tragedie tient le milieu, estant mélée du merveilleux & du vray-semblable. De là vient que les plus grands défauts d'une Comedie sont les plus grandes beautez d'une Piece de Machines. En effet, rien n'est plus vicieux dans une Piece ordinaire, que le changement de Scene ; & rien n'est si beau dans les Machines, que ce mesme changement, non seulement d'un lieu de la Terre à un autre ; mais de la Terre au Ciel, & du Ciel aux Enfers. Rien n'est moins supportable dans une Comedie, que de dénoüer l'Intrigue par un miracle, ou par l'arrivée d'un Dieu dans une Machine ; Et rien n'est plus beau dans les Opera, que ces sortes de miracles & d'apparitions de Divinitez, quand il y a quelque fondement de les introduire.

ARISTIPPE. Tout ce que vous dites-là me semble tres-bon ; mais d'où vient que s'il y a tant de belles choses dans l'Alceste de vostre Auteur, personne ne les y voit que vous.

CLEON. Il n'y a gueres de personne qui ne les vist aussi-bien & mieux que moy, s'il vouloit les regarder sans prevention ou sans une trop grande crainte de se méprendre. Au lieu de se demander à soy-mesme si une Piece est bonne, si elle divertit, si elle touche, si elle émeut, ce qu'il seroit bien aisé de sçavoir, on s'empresse de demander ce qu'en pensent les Connoisseurs; Et l'on ne considere pas que bien souvent ces pretendus Connoisseurs ne s'y connoissent gueres, ou qu'ils ont des raisons pardevers eux d'en parler contre leur connoissance.

ARISTIPPE. J'ay pourtant ouy dire qu'il faut croire chacun dans son Art, & qu'il y a du peril à juger des choses qu'on ne connoist pas.

CLEON. Ce que vous dites est tres-veritable, aussi conseillerois-je en ce qui regarde la Poësie, de s'en rapporter à ceux qui en ont fait une estude particuliere, s'il estoit bien seur qu'ils parlassent sincerement; Mais ces Maistres de l'Art sont tres-rares, & à la reserve de quelques-uns qui sont fort habiles, & en qui j'aurois toute creance, je m'en fierois bien plus à un galant homme de bon sens, qu'à un Sçavant pretendu qui auroit beaucoup, mais mal étudié cette matiere. Car en fait de Poësie, & de ce qui regarde la science du Theatre, il n'est rien de si aisé que de s'y tromper quand on veut y entendre trop de finesse; & de mal expliquer les preceptes d'Aristote & d'Horace, qui ne causent pas moins de desordre & de confusion dans une cervelle mal tournée, qu'ils apportent de lumiere dans un esprit bien fait & né pour ces sortes de connoissances. Il faut considerer que les Comedies ne sont pas faites pour plaire seulement aux habiles, mais à tous les honnestes gens que Terence appelle le Peuple, & que, suivant son témoignage, elle est parvenuë à sa fin, si elle a sceu leur plaire. Quand un galand homme, qui n'aura jamais leu Aristote ni Horace, me dira qu'une Piece lui a plû, qu'elle a attiré agreablement toute son attention, qu'il en a tres-bien compris le nœud, qu'il en a eu de l'inquietude; qu'ensuite il a veu le dénouëment avec joye, & qu'il est sorti de la Comedie avec un grand desir de rencontrer quelqu'un de ses amis pour la lui raconter; je croirai que la Piece que ce galand homme a veuë, est bonne, & ce témoignage sera plus fort à mon égard, que toutes les raisons des demy-Sçavans. Car la difference qu'il y a entre un homme sçavant, & un homme qui ne l'est pas, quand le bon sens est égal de part & d'autre, ne va point à leur faire ressentir diversement l'effet de la Comedie; ils se divertiront ou s'ennuyeront également à une Piece, avec cette difference seulement, que le Sçavant pourra dire pourquoy il s'est ennuyé, & pourquoy il s'est diverty; & que le galand homme qui n'a pas fait d'étude & de reflexions sur l'Art Poëtique, ne le pourra dire.

Nous avons donc grand tort de renoncer à

C iij

un jugement presqu'infaillible, que chacun de nous a dans soy-mesme, quand on est un peu raisonnable, pour nous laisser conduire aveuglément à des gens interessez ou prevenus, qui se mocquent de nous, & qui s'app'audissent en mesme temps du credit qu'ils ont de faire pancher, où il leur plaist les suffrages de tout le monde.

ARISTIPPE. Ce que vous me dires-là me semble d'assez bon sens, & je pourrois bien estre moy-mesme une de ces duppes dont vous parlez: Car à parler franchement, & je vous l'ay déja avoüé, j'avois trouvé l'Opera beau, & m'y estois bien diverti. Quoy qu'il en soit, je veux essayer la methode que vous proposez, & voir comment je m'en trouveray.

CLEON. Vous vous en trouverez bien, croyez-moy; & si tout le monde en use comme vous, deux ou trois Poëtes seulement pourront en souffrir un peu, parce qu'on pourra trouver belles d'autres Pieces que les leurs: Mais tout le monde en aura plus de divertissement & plus de satisfaction.

RESPONSE A UN POEME
de Monsieur QUINAULT, où Apollon se plaint que le Mecenas des gens de Lettres refuse d'estre loüé.

Ainsi donc, cher QUINAULT, Apollon trouve étrange
Que nostre Mecenas refuse la loüange;
Et que son ferme cœur que rien ne peut tenter,
Prenne peine à la fuïr comme à la meriter.
   La loüange, il est vray, des hommes souhaitée
Est de tous avec joye en tout temps écoutée:
Et quand d'autres desirs on est peu combattu,
On aime à recevoir ce prix de la vertu:
Mais une amour plus forte en luy se fait connaistre,
C'est, & nous le sçavons, la gloire de son maistre
Qui le possede entier, qui fait tous ses desirs,
Et qui ferme son ame à tous autres plaisirs.
Si donc pour satisfaire à l'ardeur qui le presse
On le voit attentif prendre garde sans cesse
Que les moindres tributs à LOVIS destinez,
Par quelque avare main ne soient point détournez,

RESPONSE

Pourroit-il voir ailleurs la loüange donnée
Qui plus que les tresors au Prince est destinée,
Qui de tous les parfums a la plus douce odeur,
Et peut seule remplir les souhaits d'un grand cœur?
   Le siecle où nous vivons, ce siecle plein de gloire
Qui couvrira de honte & la Fable & l'Histoire,
Est fecond, je l'avoüe, en esprits excellens
Qui pour l'art de loüer ont de rares talens:
Mais quel qu'en soit le nombre, & quoy qu'on en attède,
La moisson qu'on leur offre est encore plus grande,
Ils ne pourront suffire à cueïllir les lauriers
Qui sont dûs à LOVIS pour ses actes guerriers;
Moins encore à trouver des fleurs toujours nouvelles
Dignes de couronner ses vertus immortelles.
   Que ceux dont le genie est masle & vigoureux
S'occupent à chanter ses exploits valeureux:
Et pour mieux soustenir le faix d'un tel ouvrage
Qu'ils en fassent entre eux le glorieux partage,
L'un dira de quel air ce jeune Conquerant
Marcha contre Marsal qui le voyant si grand,
Si fier, & si semblable au Maistre de la terre,
Se rendit, & prevint le coup de son tonnerre;
Il pourra dire encor les furieux combats

                                                  Où

A MONSIEUR QUINAULT.

Où son Nom qui faisoit l'office de son bras
Donnant du cœur aux siens & des forces nouvelles,
Rougit les eaux du Rhab du sang des Infidelles.

Vn autre le peindra quand par cent beaux exploits
Il contraignit la Flandre à recevoir ses loix,
Quand bravant le peril d'un courage intrepide,
On le vit affronter la tranchée homicide.
Et quand sollicité par son heureux destin
Il court à ses soldats qui combattoient Marsin,
Et qui tous animez par son Nom, par sa gloire,
Avant qu'il les joignist obtinrent la victoire,
Ainsi que loin du bras qui les a décochez
Les traits donnent la mort à ceux qu'ils ont touchez.

Quelque autre dans ses Vers aura pour entreprise
En deux fois six soleils la Bourgogne conquise,
Où malgré les remparts armez de mille feux,
Et la saison contraire aux exploits belliqueux,
LOVIS precipitant ses hautes destinées
Fit en des jours si courts de si grandes journées.

Vn autre dépeindra la Hollande aux abois,
Où d'abord il força quatre Forts à la fois.
Prit des Villes sans nombre, & d'un ferme courage
Franchit du large Rhin le perilleux passage.

Dd

RESPONSE

Il en peindra le Dieu saisi d'étonnement,
Mais joyeux de toucher au fortuné moment
Qu'il va voir glorieux couler toute son onde
Sous les augustes loix du plus grand Roy du monde,
Qui maistre de ses bords & craint de toutes parts,
Le rendra plus fameux que n'ont fait les Cesars.

Vne autre Muse enfin, noble, heroïque & fiere
Dira pompeusement sa conqueste derniere,
Sur tout quand Besançon forcé de tous costez
Eut ouvert à LOVIS ses deux grandes citez.

Le Fort qui les défend élevé dans la nuë,
Et qui se laisse à peine approcher à la veuë,
Libre encore & tout gros de foudres meurtriers,
Sembloit avec mépris regarder nos guerriers.
C'est là, dit le Heros, c'est là, Troupe fidelle,
Que l'objet de vos vœux, la Gloire, vous appelle
Plus le chemin qu'elle offre est rude & dangereux,
Et plus elle a d'appas pour des cœurs genereux.

La Gloire en ce moment de rayons couronnée,
Telle qu'elle est au soir d'une grande journée,
Paroist au haut du mont invitant les soldats
A mépriser la mort & leur tendant les bras.
Où la Deesse épand sa lumiere divine,

A MONSIEUR QUINAULT.

Le mont s'abaisse & semble une douce colline,
Couverte en son sommet de ces nobles lauriers
Dont toujours les plus beaux se cueillent les premiers.

 L'échelle en mille endroits aussi-tost est dressée,
Tous ont pour y monter une ardeur empressée,
Et brulans à l'envy d'un genereux transport,
Veulent sans plus tarder la victoire ou la mort.
Malgré des feux tonnans la meurtriere gresle,
Et les traits élancez qui tombent pesle-mesle,
Contre le roc affreux on les voit gravissans,
Et vers le haut du mont l'un l'autre se poussans.
Arrivez au sommet ils forcent la barriere,
Affrontent l'ennemy qui se cache derriere,
Et se joignant à luy corps à corps, bras à bras,
Reçoivent vaillamment, ou donnent le trépas.
De cent coups redoublez nos canons les secondent,
D'un semblable courroux ceux du Fort leur répondent;
A la lueur des feux on voit de toutes parts
La Mort impitoyable errer sur les remparts.
Mais enfin nos guerriers tous obstacles surmontent,
Rien n'arreste leur bras, il n'est rien qu'ils ne domtent.

Et l'Ennemy ployant sous leur vaillant effort,
Perd courage, s'enfuit, & leur cede le Fort.
  Voila de grands sujets & d'illustres matieres
Pour exercer la voix de nos Muses guerrieres.
Celles dont le genie est plus tendre & plus doux,
Qui du Dieu des combats redoutant le courroux,
Trembleroient en chantant ces sanglantes conque-
    stes,
Qu'elles chantent les Ieux & les galantes Festes
Dont le Heros se plaist à réjoüir sa Cour,
Quand sa foudre repose & qu'il est de retour.
  Ces nuits de mille éclairs brillantes & parées,
Et de feux colorez richement éclairées;
Ces aimables vergers que les plus belles fleurs
Emaillent en tout temps de leurs vives couleurs;
Ces flots d'argent que l'Art plus fort que la Nature,
Eleve & fait briller sur un fonds de verdure;
Ces immenses canaux & tant d'autres beautez,
Qui parent à l'envy ces jardins enchantez,
Demandent les accords de la plus douce Lyre,
Qui pourtant pour charmer n'aura qu'à les décrire;
  Ceux dont l'esprit s'applique à conduire la main
Qui grave en bas reliefs l'histoire sur l'airain,

A MONSIEUR QUINAULT.

Sous le voile sacré de cent doctes images,
Transmettront ses hauts faits jusqu'à la fin des âges.
D'un immortel burin on y verra tracez
Ses ennemis cent fois par son bras terrassez.
La pureté des loix en tous lieux restablie,
Des funestes duels la fureur abolie,
Aux Corses insolens le pardon accordé,
Par l'Espagne aux François le premier rang cedé,
De bastimens pompeux la France decorée,
De solides presens la science honorée,
Toute la suite enfin des miracles divers
Dont LOVIS chaque jour étonne l'Vnivers.
Ces grandes actions, sous formes empruntées,
Par une Muse adroite artistement traitées,
Iront de la Peinture exercer le pinceau,
Et servir de matiere au penible ciseau,
Ce sont là tous sujets de grandeur infinie,
Capables d'épuiser le plus vaste genie.
   Ainsi du Dieu des vers celebres Nourrissons,
N'employez point ailleurs vos divines chansons ;
Par elles vostre Nom dans les races futures
De ce fameux Heros suivra les avantures.

RESPONSE A M. QUINAULT.

Et vostre Mecenas par elles enchanté
Aura te que son cœur a le plus souhaité.
　Du reste il luy suffit pour se faire connaistre,
Qu'on sçache à l'avenir qu'il servoit un tel Maistre,
Et que son zele ardent a merité le choix
Qu'en a fait le plus Sage & le plus Grand des Rois.

F I N.

Extrait du Privilege du Roy.

PAR Lettres Patentes de Sa Majesté, données à Paris le 12. jour de Novembre 1674. signées Par le Roy en son Conseil PEPIN. Il est permis à JEAN BAPTISTE COIGNARD Imprimeur à Paris, d'imprimer, vendre & debiter pendant le temps de dix années entieres & accomplies, un Livre intitulé, *Recueil de divers Ouvrages en Prose & en Vers*; avec défenses à tous autres, qu'à ceux qui auront droit de luy, d'imprimer, vendre ni debiter ledit Livre, sur les peines portées par lesdites Lettres.

Registré sur le Livre de la Communauté le 19. Novembre 1674.

Signé D. THIRRY, *Syndic.*

Achevé d'imprimer le 20. Aoust 1676.